每天读点

管理学

实用版

杰锋◎著

时事出版社
北京

图书在版编目（CIP）数据

每天读点管理学 / 杰锋著 .—北京：时事出版社，2018.7（2019.1 重印）
ISBN 978-7-5195-0235-5

Ⅰ.①每… Ⅱ.①杰… Ⅲ.①管理学 – 通俗读物
Ⅳ.① C93-49

中国版本图书馆 CIP 数据核字（2018）第 102487 号

出 版 发 行：	时事出版社
地　　　　址：	北京市海淀区万寿寺甲 2 号
邮　　　编：	100081
发 行 热 线：	（010）88547590　88547591
读者服务部：	（010）88547595
传　　　真：	（010）88547592
电 子 邮 箱：	shishichubanshe@sina.com
网　　　址：	www.shishishe.com
印　　　刷：	三河市华润印刷有限公司

开本：670×960　1/16　印张：18　字数：250 千字
2018 年 7 月第 1 版　2019 年 1 月第 2 次印刷
定价：38.00 元
（如有印装质量问题，请与本社发行部联系调换）

前言

管理圈中流行一句话："一匹狼领导的羊群可以打败一只羊领导的狼群。"管理者能力的高低直接关系到团队的成败。这里所说的能力，不仅仅是专业能力，更重要的是驾驭专业和专业人员的能力。从表面上看，管理者只是驾驭者、指挥者，实际上管理者并不只是权力的拥有者，他在指挥、带领、指导下属为实现组织目标而努力的过程中，需要具备各项能力和素质。黑格尔说过："世界上没有完全相同的两片叶子。"世上没有完全相同的两个人，同样也没有完全相同的管理者和管理方式。但是，一位优秀的管理者一定善于面对各种纷繁复杂的局面，果断采取行之有效的措施，任用精明能干的部下，并拥有吸引人才归附的人格魅力。

本书以通俗易懂的方式讲述了管理者每天面对和需要解决的现实问题，阐述了作为一个卓越管理者必须具备的素质和能力，结合实际介绍了关于选人、用人、管人、决策、沟通等方面的方法与技巧。管理者如能坚持阅读，每天学习一点，对现实中的疑惑进行深入思考，坚持学用结合，知行合一，日积月累，必将成为一个出色的管理者。

目录
contents

第一篇
素质：有形的权力，无形的魅力

第一章 **优秀管理者的素质**
003

01　成功的管理者必备的重要特征　/　003

02　优秀的品格魅力　/　007

03　坚定的信心和意志　/　010

04　率直的心胸　/　014

05　良好的信誉　/　016

06　敢于面对恐惧　/　019

07　正确面对压力　/　022

08　良好的心理素质　/　025

第二章 **魅力比权力更重要**
028

01　魅力是第一要诀　/　028

02 努力培养个人魅力 / 029
03 以身作则当好表率 / 032
04 身教重于言教 / 035
05 利用个人魅力树立威信 / 037

第三章 杰出管理者需要高超的人际交往能力

01 利用情感赢得人心 / 039
02 以真诚换取真诚 / 042
03 放下架子 / 044
04 增强社交能力 / 046
05 善于运用组织的力量 / 048
06 学会与新闻媒介打交道 / 050

第四章 管理者要有优秀的语言表达能力

01 口才是管理工作的关键 / 055
02 让自信推动说话能力 / 057
03 最易打动人心的几种语言风格 / 060
04 演讲中的口才能力 / 064
05 面对媒体时的言语沟通 / 065
06 态势语言的魅力 / 067
07 维护自己威信的语言艺术 / 070

第二篇

慧眼：宁可不识字，不可不识人

第一章 观其行：行为反映一个人的心理状态

01 从身体姿势识人 / 075

02 破译身体语言的密码 / 080

03 留心观察六种假动作 / 085

04 从习惯动作识人 / 087

第二章 听其言：语言能表现一个人的交际能力

01 从声音中认识人 / 092

02 从言谈中鉴识人 / 095

03 从辩论中考察人 / 097

04 不要被假象所迷惑 / 099

第三章 审其美：形象决定一个人的未来成就

01 第一印象最重要 / 103

02　通过衣衫识人　/　105
03　观察人的气质修养　/　108

第四章　品其性：性格决定一个人的人生命运
01　性格的四种特征　/　110
02　现代性格分类　/　112
03　辨别偏才　/　117

第五章　辨其心：心理行为是人的大脑对客观现实的反映
01　识人以心性为主体　/　120
02　五征识人法　/　122

第三篇

用人：人要尽其才，才要尽其用

第一章　要通晓用人的艺术
01　找对人才能做好事情　/　129

02 善于发挥人才的长处 / 132

03 知人善任，合理分工 / 134

04 克服不良用人心理 / 137

05 赏罚分明需遵循的原则 / 140

06 对下属要宽严相济 / 143

07 用人以诚才能使人心一致 / 146

08 区别对待不同性格的下属 / 147

第二章 与下属建立良好的信任关系

01 用人不疑，疑人不用 / 151

02 重用是奖励，信任易胜任 / 153

03 不信任是最大的浪费 / 155

04 调动下属的全部积极性 / 156

05 松开比握紧拥有更多 / 159

06 授权是管理的精髓 / 162

07 成功授权的六个技巧 / 164

第三章 人事管理是最重要的管理

01 事业发展靠人才 / 169

02 使人心悦诚服 / 172

03 欲用人，先学会容人 / 176

04 "以人为中心"是现代管理的核心 / 178

05 管理大师首先是心理大师 / 181
06 如何避免和防止员工跳槽 / 185

做自己时间的管理者

01 做自己时间的管理者 / 188
02 提高管理时间的质量 / 193
03 认识时间陷阱 / 194
04 提高自我约束能力 / 196
05 "效能"重于"效率" / 199
06 工作时间管理之道 / 200
07 会议的时间管理 / 203

第四篇

决策：高瞻远瞩，多谋善断

优秀的管理者一定要有智慧决断的魄力

01 决策与魄力 / 211

02 决策与冒险 / 213

03 决策的正确思路 / 215

04 要有听真话的胸怀 / 217

05 倾听不同的意见 / 220

06 大主意最后自己拿 / 222

第二章 正确决策是工作成败的关键

01 审慎地选定正确的决策 / 225

02 科学决策有方法 / 227

03 明确决策目标 / 230

04 不能偏信经验 / 231

05 刚愎自用者必失败 / 233

06 使决策满足边界条件 / 235

07 决策时，不允许错误的妥协 / 238

08 没有行动，决策就没有功效 / 240

第三章 没有计划就是计划失败

01 计划就是对未来的预测 / 242

02 计划的三大类型 / 243

03 计划的四大层次 / 247

04 拟订计划的最佳时间 / 248

05 有效的计划制订过程 / 251
06 执行计划时的有效控制 / 253

没有创新就没有生存

01 管理者要敢于创新 / 257
02 培养创新能力 / 259
03 鼓励追求创新的行为 / 262
04 换一种思路去变革 / 264
05 知识创造新财富 / 266
06 知识创新的三大动力 / 268
07 让学习创新来凝聚组织 / 270
08 创新活力的六大规则 / 271

第一篇

素质

有形的权力，无形的魅力

社会上大多数的成功者都是各行各业中肩负重任的人，他们也许没有超人的技术、庞大的资源，但却有着令人为之倾倒、让人愿意追随的独特魅力。管理能力，简而言之就是指管理者率领部属开展工作、推动工作和完成工作的本领。严格说来，管理能力不单是管人的能力，还包括影响人的能力；不单是激励下属的说教能力，更包括感化下属的身教魅力；不是仅仅靠自己行动，而是号召大家一起行动。在不断变化的新形势下，每位管理者都面临着需要不断提高领导能力的问题。

　　如果你希望有朝一日也能当上管理者，那么你最好了解一下那些管理者是如何达到这个目的的，看看他们有什么独特的做法。

第一章
优秀管理者的素质

管理者的素质是指管理者与管理相关的内在基本属性与质量。其素质主要表现为品德、知识、能力与身心条件。管理者的素质是构成管理水平与能力的基础,是做好管理工作、取得管理功效的极为重要的主观条件。

01

成功的管理者必备的重要特征

大到一个民族、国家,小到各个行业、家庭,都需要一些能担当重任,能号召和团结其他人为一个共同目标而奋斗的人,他们就是管理者。

一名真正优秀的管理者,其内在品性有许多吸引人的地方。

首先,必须具有良好的品德,做人必须既有原则又有灵活性,有才无德难得人心,更难成大器。

其次,要有渊博的知识。只有具有雄厚的知识基础,一个人才不会被社会中纷繁复杂的现象所迷惑,才能在企业管理中做出科学决策。在现在的知识经济大潮中,一位优秀的管理者不仅需要精深的专业知识,还需要广博的知识结构。

第三，要有优良的心理素质和承受能力，能在巨大的压力下正常工作。

第四，应当是一个性格成熟、情感热烈而稳定、待人接物合乎本性而又合乎情理的人，近于古语所说的"从心所欲，不逾矩"。

曾有著名历史学和心理学专家对历史上许多伟大的领导人物进行过分析和研究，发现他们具有一些共同特征。现代社会则认为，一个称职的管理者需具备刚毅不凡、胆大心细、了解组织环境及通晓"敌我"、熟悉游戏规则等基本能力。综合起来，现代管理者必须具备以下重要特征：

1. 坚毅的勇气

历史上有许多伟大人物之所以成为伟大人物，就在于他们是困难的克服者、危险的超越者，他们用大无畏的勇气克服了前进道路上的种种障碍。没有人愿意在不自信和怯懦的管理者手下工作，聪明的跟随者不会长期追随这种管理者。

2. 良好的自制力

自制力也就是自我克制的能力，是指人们能够自觉地控制自己的情绪和行动，既善于激励自己勇敢地去执行决定，又善于抑制那些不符合既定目标的愿望、动机、行为和情绪。自制力是坚强的重要标志。

在这个复杂多变而又充满诱惑的社会中，人们的成功与其自制力有很大关系，不善自控的人也就无法有效地控制他人。

3. 强烈的正义感

正义感是指追求正义、伸张正义的道德意识和行为。有正义感的人，能坚持真理，敢于同一切邪恶势力和错误行为做斗争，对社会进步起积极作用。管理者的正义感能影响下属的行为，其自身也将获得下属的尊敬。

4. 坚强的意志

意志力是一种能量，可通过训练获得并加强。犹豫不决的人不仅无法肯定自我，也无法领导他人。

5. 缜密的计划能力

一个人要想在事业上获得成功，必须坚定一个奋斗方向，并朝着这个方向不断前进。倘若你无法看清自己的方向，就会谨小慎微、裹足不前。同时，成功的管理者还必须有实现目标的完善计划，并按计划工作。

6. 有责任感

主动承担更多的责任是成功者必备的素质。成功的管理者会主动承担下属的失误，而不是不断推卸责任。一个人在工作中承担的责任越大，证明其价值越大。管理者要敢于承担责任，勇于面对一切，善于在管理工作中建立起自己的威信。

7. 独特的个性

性格决定着一个人事业的成败和命运的好坏。狭隘、多疑、孤僻、贪婪、懒散、猥琐的人难以成为成功的管理者，素养很差的管理者也不会受人尊重。塑造自己与众不同的独特个性，显现出自己非凡的气质与魅力，这是通向成功的重要一步。更为重要的是，管理者的个人风格和企业密切相关，就是企业的象征。

8. 把握细节的能力

无论时代怎样发展，无论组织生存的环境如何变化，作为管理行为最基本的原则，"在细节上下功夫"始终不会改变，也不可能改变。成功的管理者需要掌握管理工作的各种细节。

9. 同情与理解

好的理解力造就好的执行力，理解力往往是办事效率的最大保证；在与人相处上，理解力则是建立良好沟通的最大利器。优秀的管理者一般都能同情和理解他的部下。

10. 付出超出所得

管理者的突出表现就是奉献自我，它要求管理者的工作量超过他分配给下属的工作量。

11. 富有协作精神

在成功的征途上，与其专注于个人的问题与挑战，不如与人协作，发挥集体智慧。成功的管理者必须知晓运用团队合作精神，团结下属，凝聚共识，积攒力量。

12. 进取心

管理者应表现出高度的工作积极性，拥有较强烈的成功渴望。他们精力充沛，对自己所从事的活动坚持不懈，并有超越常人的主动精神和进取精神，在工作中不断进取，永无止境。

13. 果断

果断获得信心，信心产生力量，而力量是胜利之母。管理者一项重要的必备条件是能果断地做出决定。

有人在分析过1.6万多人之后发现了一个事实：领袖人物一向具有果断决策能力，即使是在无关紧要的小事中也是如此，被管理者却永远不会有这么快的反应能力。

管理者不仅拥有一个明确的目标，还有实现这个目标的明确计划，同时还具有坚定的信心，因而在任何情况下都能果断地做出决定。

14. 富于冒险精神

冒险精神是企业家精神的一个重要内容。在各种环境里，人最需要的就是冒险精神。管理学理论认为：克服不稳定因素、信息不完善性的最好方案，就是组织内有一位敢冒险的战略家。它不是指盲目、无方向、无目的的冒险。池本正纯指出："所谓'大胆地冒险'并不是盲目蛮干，而是以谨慎周密的判断为基础，比他人抢先得到获取利益的机会。"

15. 有创意

我们所处的时代，科技发展日新月异，经济发展突飞猛进，新生事物层出不穷，因此我们必须敢想、敢说、敢干、敢于创新。管理者必须具有创新意识，并激发员工挖掘新的方案。除非管理者经常给员工灌输新观念、新刺激，否则团队很难取得进步和发展。要是管理者满足于现状，大家也容易满足，这样团队就会退步。

管理的形式有两种：第一种，被下属认可和同情，这是最有效的管理；第二种，得不到下属的同情和认同，这是依权力而生的管理。

历史证明，靠权力维持管理地位的管理者不可能坐得长久独裁者与国王的快速更迭便是最好的例证，它表明人民不愿意追随靠权力来维持统治的管理。

新型的管理者应具备上述管理人物的 15 种特征和其他一些素质。培养自己这些方面的能力，你在任何行业中都可以大展宏图。

优秀的品格魅力

一个人即使没有文化，能力平平，且一贫如洗，但只要品格高尚，也会产生一定的影响，不管他是在车间、账房、商场，还是在其他地方。

政治家要实现有效的领导需要优秀的品格，管理者也一样。

英国的政治家和外交家坎宁在 1801 年这样写道："我的道路一定是通过品格获得权力，我不会选择其他途径。我坚信这条道路的正确，它虽然

不是最快的，却是最有把握的。"

约翰·罗素爵士有句话也道出了这个真理："英国的党派有个特点，请求天才人物的帮助，但遵从高尚者的道路。"

人们说："造就政治家的，绝不是超凡出众的洞察力，而是他们的品格。"

管理者的品格是决定其价值高低的一个重要方面，也是管理者魅力的重要源泉。夏尔·戴高乐就曾说："那些具有品格的人会放射出磁石般的力量，对于追随他们的人来说，他们是最终目标的象征，是希望的象征。"

华盛顿作为美利坚合众国的第一任总统，肩负起组建联邦政府机构的责任。为把美国第一流的人物都纳入联邦政府，确立联邦政府的威信，他力求通过人的才能和品德来判断选择人才，因而要求各部官员必须符合两个条件：第一要受到人民的欢迎和爱戴，第二要对人民有影响力，二者缺一不可。面对政府内阁中的党派之争，他总是冷静地用超人的智慧加以调解。对待民主党人和共和党人的论争，他希望能不带偏见地将对美国有利的观点集中起来。他心胸宽广，从不压制别人的意见，也不嫉妒他人的才干，他把当时最伟大的政治家团结在自己周围，使之造福国家。他主张为人处世要襟怀坦荡、光明磊落。

他虽然大权在握，却始终听从良知的召唤，谨慎地使用权力。他用自己的言行告诉世人，原来政治家还可以是这样一种形象，政治和道德可以良好结合到这种程度。华盛顿犹如一座政治人格的灯塔，时刻提醒着拥有或想拥有权力的人，不要在权力的迷宫里晕头转向。

正是他这种伟大的品格，使他赢得了众人的信任和爱戴。在独立战争期间，大陆会议才决定授予他相当独断的军事指挥权，最终帮助美国获取了独立。而在联邦政府成立期间，他被一致推选为第一任总统。在宪政陷入争吵时，他也是凭借伟大的人格，有效地协调了各派的利益，把不同派别的人团结在自己的周围。他的伟大品格造就了他的丰功伟绩。

富兰克林也把他的成功归因于正直诚实的品格，而不是他的才能或演说能力，因为他的这些能力并没有什么出众的地方。他说："人们都很看重我。我口才很差，从来不能口若悬河，有时还结结巴巴，而且经常出错。不过我还是能准确地表达自己的意思。"

据说，俄国亚历山大一世的个人品格等于一部宪法。在佛朗德战争期间，蒙田是唯一没有关上城堡大门的法国绅士，据说他的个人品格比一个骑兵团更能给他提供保护。

由此我们可以看出管理者的品格具有四个方面的作用：

1. 优秀的品格可以使人登上权力顶峰

只有优秀的品格才能获得公众的认同感，从而赋予他们相应的权力。如乔治·华盛顿就以其完美的品格赢得了新生美国的信任，当上了第一任总统。1788年，出席制宪会议的一位代表皮尔斯·巴特勒在谈到总统权限的规定时说："代表中有许多人选举华盛顿将军担任总统，而且根据他们对华盛顿品格的看法而决定应当给予总统多大的权力。"优秀的品格造就优秀的管理者，恶劣的品行则是成功的羁绊。

2. 优秀的品格有助于有效管理的实现

管理者的品格通过两种途径产生作用：认同与模仿。认同是指在群体活动中，个体大都有一种强烈的从感情上将自己认同于另一个体，特别是认同于管理者的品格特质的心理趋势。模仿则是指品格对被管理者产生刺激，从而引起被管理者再现某一榜样的一种社会心理行为。

基于模仿和认同这两种心理趋势，优秀的品格便可加强群体或组织的整体性，甚至使管理者和被管理者休戚与共、荣辱相依，从而加快组织目标实现的进程。正如孔子所言："其身正，不令而行；其身不正，虽令不从。"如果品格低劣，即使大权在握，也不能实现有效管理。

3. 优秀的品格使管理者受到下属的爱戴和他人的敬佩

只有优秀品格的人才能成为后来管理者学习的榜样。因为良好的品格是对他人的一种感染、一种震慑，品格优秀者常常是他人眼中的英雄。

4. 优秀的品格是进入最高人生境界的必备条件

人们总是在不断地否定自我之中生存、发展，这是人生境界的修炼，这种修炼需要优秀的道德品格。

有些人却对品格不屑一顾，如美国前总统尼克松在他的《领导者》一书中就对道德表示轻视。他说："美德不是伟人领袖高于其他人的因素。"但是这种认识从根本上来说是错误的，它将权力等同于权术。权术往往是不择手段的，在不够民主和透明的权力机制下，它有可能发挥作用，但是在民主化和透明度很高的机制下它往往会让管理者寸步难行。尼克松最终因为"水门事件"而下台，便是最好的例证。因此，一个人只有道德被认可，才能实现有效的管理。管理者必须通过自己的道德品质来吸引员工。

03

坚定的信心和意志

顽强的意志是一个人成才的必要条件，对于管理者来说，意志坚定显得尤其重要。没有一定的承受力，责任和压力就会使管理者的心理垮掉，所以说一定的承受能力是作为压力承受者的管理者必备的素质。

信心是一种人格特质，也是一种平静稳定的心理现象，更是一个人成就自己的美德。有大信心者，就会有大成功；有小信心者，只能有小成功；没有信心者，则没有成功。

有信心的人，总是显得稳健安定、仪态优雅、从容机智；缺乏信心的人，则惶恐畏惧、优柔寡断。信心是精神生活的舵，它把握着我们生活的方向；

信心是生活的存储器，它使我们强壮有力、无坚不摧。一个乐观自信、深信自己所从事的事业定会成功的人，必定会走上成功之路；相反，一个怀疑自己能力、对未来失去信心的领导，必然难以取得成就、走向成功。

信心和意志力是行动的基础，是人走向成功的非常重要的心理素质。一个管理者只有充满必胜的信念，对自己所从事的事业确信无疑，并且有坚韧不拔的意志力，他才可能迈出坚定的步伐，产生克服万难的力量，想出解决问题的方法和对策，赢得他人的信赖和支持，最后才能达到为之奋斗的终点。

信心和信念能够激发人的情绪和力量，调动人的积极性，充分开发人的智慧和潜力，坚定人的意志，促使其去完成任务、实现理想，甚至成就伟大神圣的使命。

相反，一个管理者若没有必胜的信心，对所进行的工作充满怀疑，那么他就不会全身心地投入，遇到困难马上就会停滞不前，使事业半途而废、前功尽弃。

《改变千万人的一堂课》的作者奥里森·马登说："如果我们分析一下那些卓越人物的人格特质，就会看到他们有一个共同点：他们在开始做事前，总是充分相信自己的能力，排除一切艰难险阻，直到胜利！"

中国著名的民族工业家荣敬宗、荣德生兄弟曾对他们的成功做出这样的表述："非持有充实之资本，乃持有充实之精神。"在他们的奋斗史中，当其他人对前途失去信心，发生动摇和撤退时，他们凭着坚定的信心、必胜的信念，艰难地走出困境，取得了令人瞩目的成绩。荣氏兄弟事业的开端是与人合伙办的保兴面粉厂，因规模小，设备简陋，加之受外国面粉的挤压及地方势力的恶意中伤，面粉销路不畅，获利微薄。大股东朱仲甫觉得前途渺茫，对未来失去信心而撤股退出。在散伙的威胁面前，荣氏兄弟办厂的坚定信念不改，他们把厂名改为茂新，继续扩充资本，改进设备，产品的质量和产量都得到明显提高，赢得了市场信誉，渡过了难关。但事情的发展并不就此一帆风顺。茂新面粉厂以后又连年遇到大量倾销的外国面粉的挤压，加上许多新建的民族面粉厂纷纷开工，市场竞争十分激烈，面粉价格下跌，茂新连续三年出现大量亏损。这时有些股东对企业又失去了信心，将股份廉价售出。但是荣氏兄弟认为，面粉是关系民生的行业，只要增强企业自身的竞争力就大有可为。他们依然信念坚定、信心十足。他们一面收买股份，一面大量借款进行设备的再更新，并严把质量关，再创价廉物美的新产品。结果，在大多数面粉厂产品滞销的情况下，他们的产品一枝独秀，畅销市场，大量盈利，他们只用一年时间就还清了各项欠款。他们以此为起点，不断发展壮大，终于成为闻名遐迩的"面粉大王"，并先后创建了茂新面粉公司、福新面粉公司和申新面粉公司等3个企业系统及其附属企业，成为近代中国民族工业企业中规模最大的一个企业集团，事业获得了空前的成功。如果他们在面临困难时，失去信心，信念不坚定，也像其他合伙人或股东一样撤退，企业早就倒闭了，绝不会有日后的辉煌。

任务愈艰巨，情况愈复杂，危机愈严重，公司管理就愈要以满腔的热情、高度的自信、顽强的意志、坚定的力量投入工作。人们需要激励，需要督促，需要精神上的支柱，在困难和危险面前尤其如此。遇到困难时，公司管理者要为下属提供精神上的帮助，否则他们精神上会垮掉，会失掉胜利的信心。只有公司管理者的必胜信念，才能稳住员工们的情绪，调动他们的激情，以获得真正的胜利；才能使员工做到临危不惧、处变不惊，这种心理素质的巨大力量是难以估量的。

对于管理者来说，其勇敢坚毅、沉着冷静，有时可以产生意想不到的结果。一个濒临破产的公司若军心动摇、士气低落，解脱困境的主要措施就是更换一位心理素质极佳的管理者。只要新管理者以自己的坚定意志和满怀信心的举动征服了公司员工的心，那么人们就能感受到一种新的力量和信心。此时管理者不失时机地推出一系列改进措施，公司重新走向繁荣是有希望的。管理者的意志不坚强、没有主见，只会造成事业的失败，带来人心的涣散。

管理者一旦具有了必需的信心和信念，就会马上付诸行动，着手实施已定的方案、计划，但实施过程中会遇到各种困难和意想不到的阻力，甚至可能会遭受一次次失败的打击。这时，管理者如果没有坚强的意志和毅力坚持到底，美好的理想、远大的目标就会付之东流，公司已建立起来的信心和信念会顷刻被推翻。

意志就是自觉确定目的，并根据目的来支配、调节自己的行动，克服困难，从而实现目的的心理过程。人们为了实现某种预想的目的，根据自己对客观现实的认识，能动地、坚决地克服困难，去变革客观存在的活动就叫作意志活动。在意志行动过程中，个人形成的意志特点就是一个人的意志品质。

随着人类社会的发展，人的自我存在价值与自我改造社会的作用越来越显示出巨大的力量，信心与自信成为成功的先决条件。轩辕黄帝在风吹草团滚动前进的启示下造出车子，大禹因带领民众治理河道三过家门而不入，以及愚公挖山不止等传说，都蕴藏着要使事业成功的强大信心与向大自然挑战的信念。梁启超说过，"凡任天下大事者，不可无自信心，每处一事，既看得透彻，自信得过，则以一往无前之勇气赴之，以百折不挠之耐力持之。虽千山万岳，一时崩溃而不以为意。虽怒涛惊澜，蓦然号于脚下，而不改其容"。由这段话中我们可以看出，自信心对一个要成就事业的人来说有多么重要。

04

率直的心胸

率直的心胸表现为没有私心、天真且不受主观、物欲所支配。有了率直的心胸，才能看清事物的面貌，并找出应对世事的方法；有了率直的心胸，就可以明辨是非，看清正确与谬误间的分界，找到自己应走的道路。一旦企业中人人都有率直的心胸，企业将变得更有活力，也更加正常和理性。

一个优秀的管理者应该有率直的心胸，因为率直的心胸有诸多好处。

率直心胸最主要的优点是，提高生活的品质，改善人类全体的生存条件，使大家都能过上幸福的日子。这是因为，有了率直心胸就能明是非、知善恶、有爱心、懂礼让，社会才会更加繁荣、进步与和谐。

有率直心胸的人，能摒弃私心，虚心接受一切，遵循真理和正义，具有安全感，所以可以不受任何事物的影响，随时保持大度的气概。

有率直心胸的人，不但有宽容的气度，还能用公正、客观的态度辨别是非，并以负责的精神工作，维持有秩序的生活。

北宋时，钱若水任同州观察推官，正值一富户家女奴失踪，女奴双亲上诉知州，知州命录事参军审理。该录事参军曾向富户借钱而不得，怀恨在心，于是借机捏造罪名，诬陷富家父子数人共杀女奴而沉尸水底，遂失其尸而不得，理当处死。富户不堪严刑拷打之苦，只得屈打成招。知州复验，皆以为实，欲以证据确凿而结案。唯独钱若水不为现象所迷惑，吩咐暂时不要结案，暗地里派人四处寻访女奴。10天后，他找到了女奴，富户父子得以释放。当富户父子前去拜谢时，钱若水竟闭门不见，且移功于知州，把自己摆在局外人之列。知州欲向朝廷奏报钱若水之功，他也不接受。在他看来，为官决狱但求狱事正，人不冤死，而论功求赏则非其本心。宋太宗得知钱若水如此贤能，于是提升其为枢密副使。钱若水身居高位，依然不改当年正直作风。

率直的心胸可将人才的聪明才智导向正轨，让人以光明磊落的态度处理事物，认清事物的真貌，并以坚定的信心，采取正确的行动，拥有择善固执的良好品德。这样的人不论身处何种环境，都能依循心中的原则，做自己认为"对"的事。

孔子高度评价正直的行为。他说："领导在于正直，不正直的领导也可以生存，那是他侥幸地免于祸害"，领导"应该把正直的人提拔出来，放在邪恶的人之上，这样老百姓才会安定"。

狄仁杰曾任唐高宗李治时的大理丞。一次，两个武官误砍昭陵（李世民陵墓）的柏树，按律应削职为民，而唐高宗意气用事，下令将二人斩首。狄仁杰认为二人所犯非死罪，不该杀头。李治十分恼火。狄仁杰反驳说："犯颜直谏，自古以来认为很难。臣以为，如果遇到夏桀、商纣那样的暴君，自然很难；但若遇上唐尧、虞舜那样的贤君，其实很容易。现在，按照法律来说，二人并未犯下死罪，陛下却下令斩首，这是使大唐法令失信于天下。如果因一棵柏树而杀害两名武官，后代将如何看待陛下。臣所以不敢接受这样的命令，是担心使陛下陷于不道的境地。"高宗听了，冷静下来，认为狄仁杰言之有理，于是收回成命，同意按法令将两名武官削职为民，流放到岭南。过了几天，高宗提升狄仁杰为侍御史。

拥有率直心胸的人一般拥有健康的身体，这是因为有了率直的心胸，对待人生也会豁达，不会为不必要的事情大伤脑筋，更不会庸人自扰。在现实生活中，遇到不顺心的事情时，不同的人会采取不同的处理方法、态度，但心胸率直的人的态度总是很坦然、镇定、理智的。人与人之间常有纠纷，世上也因此有很多失意之人，而有了率直的心胸，人就会有判断事理的能力，知道什么事情可以做，什么事不可能完成，并据以拟定自己的计划，所谓"知其可为而为之"。

人类是过群体生活的，每一个个体的努力，都会影响到社会的进步；每一个人的身心健康，都是社会康乐的基石。个体与社会具有休戚与共的密切关系，这是人类的一项特质，管理者该如何发挥这项特质呢？首先必须认识到"身为万物之灵"的神圣使命，并仔细而冷静地观察事物的真相，培养判断与应变的智慧。同时，要深入思考并掌握做管理者的价值与真谛，不断鞭策自己，朝着为全人类谋福祉的方向前进。而为了充分发挥人类休戚与共的这项特质，就要做个正直的管理者，以公正无私的胸襟来实现做管理者的真实意义。

良好的信誉

信誉是什么？就是忠诚、不欺骗。《论语》中说："吾日三省吾身：为人谋而不忠乎？与朋友交而不信乎？传不习乎？"古人特别讲究"为人谋"要忠诚，"与朋友交"要讲信誉。

英国管理学家罗杰·福尔克说："世界上最容易损害一个经理威信的，莫过于被人发现在进行欺骗。"这是一句至理名言。作为一个管理者，要心怀诚信，不能以欺骗的手段对待下属。

孔子曾说过："人而无信，不知其可也。"因此，要想安身立命于这个世上，首先就要做一个诚实守信的人，诚信是做事的根本，也是创造财富的基石。

"诚信是为人之根本，没有了诚信，即使你拥有再多的财富，最终也将成为最贫穷的人。"

诚信对于我们每一个人来说都是很重要的，谁丧失了它，谁就会失道寡助，招致失败厄运；谁恪守它、珍爱它，谁就会得道多助，人生道路就会越走越宽。

诚信是为人立世之准则，做人做事丢弃了诚信，就失去了别人的信任，甚至可能葬送自己的前程。一个人如果没了诚信，一两次交往之后，谁还能相信你，信誉度的下降就是你走向失败的先兆。对管理者来说，信誉是一种资本，而且是一种"金不换"的资本。有信誉就可以聚合队伍，可以取信于人。很多时候，办企业和做人一样，实际上就是一个永无止境地挣信誉的过程。因此，一位知名企业家曾感叹天底下最容易挣的是钱，最难挣的是信誉。为什么这样讲呢？因为他认为钱是那种靠技巧和力气就可以挣到的东西，无非是挣多挣少的问题；而信誉是不能靠技巧挣到的，要靠内在的品质。因此，一个政府、企业或者个人如果透支信誉，必定会付出惨痛的代价。

正如电脑缺少了硬件和软件就无法正常工作一样，一个人在为人上丧失了诚实和信誉，也难以取得成功。

有位知名的学者曾讲过这样一个故事，说是一名赴德留学生以优异成绩毕业，决定留在德国找工作，他拜访了许多大公司，但每次都被友好地拒之门外。留学生最后只得去一家小公司求职，但照样被礼貌地拒绝了。

这下，留学生不干了，大声说："你们这是种族歧视，我要控告你们……"对方还未等他把话说完，便打断他说："请您小声点，我们去别的房间谈谈好吗？"两个人走进隔壁一间空房，小公司人事经理递上一杯水之后，从档案袋里拿出一张纸。这是一份记录，上面记录着留学生乘坐公共汽车时曾经三次逃票。留学生看后十分惊讶，也十分愤怒，心里不禁嘀咕:"就为了这点小事而不肯聘用我,德国人也太小题大做了。"

说到这里,知名学者列举了一组数据,称德国人抽查逃票通常被查到的概率是万分之三,即你逃票一万次,只有三次才可能被发现。那位留学生居然被查出三次逃票,按照逻辑,他曾经逃过一万次票。逃票达一万次之多,一向以信誉著称的德国人对此自然不会等闲视之。

人无信不立,人而无信,不知其可。现代社会是信誉社会,对于个人来说,信誉代表着形象、人格。要想在形象和人格上获得信赖和尊重,就需要树立个人的可信度。从这一点上看,我们就不难理解为什么德国人会将逃票这样的小事看得比天还大,这是因为他们相信,一个人在几毛钱的蝇头小利上都靠不住,谁还能指望他在别的事情上值得信赖呢?

人之所以失败绝不是因为没有才能或运气不好,而是由于轻视小事这个恶习。轻视小事不会产生信誉,没有信誉就无法经营。

管理者失去诚信,就失去了领导力。领导力,归根到底就是诚信力量的问题;执行力不足,是诚信力量缺失的现象。影响力,说白了,靠的就是诚信的力量;管理魅力,就是管理者的诚信力量。诚信是有经济价值的。做人、做事、做生意若诚信度低,就会成本高、风险大。所以,管理的一切力量从诚信中来,失去诚信,管理力量必然亏损。没有诚信,领导力、执行力,其力何在?

因此,要牢记忠信是立身之本,企业的信誉就是企业的灵魂,个人的信誉就是个人的生命。

06 敢于面对恐惧

恐惧是一种普遍存在的消极心理,它到处压迫着人们,只要是凡人,谁能无惧?最伟大、最勇敢的英雄也会诚实地告诉你,当他们做出那些英勇的举动时,心里其实和你我一样害怕,区别只在于他们能克服恐惧,拒绝投降的召唤。

当你面对恐惧时,如果勇往直前,害怕自然会缩小不见,但是你若逃避的话,它会不断放大,直到完全控制你的生活。

恐惧能摧残人的创造精神,足以磨灭个性而使人的精神机能趋于衰弱。大事业不可能在恐惧的心情下完成,一旦心怀恐惧或不祥预感,做什么事都不可能有高效率。恐惧代表着人的自卑与胆怯,这个恶魔从古以今都是人类最可怕的敌人,是人类文明事业的破坏者。

对于恐惧,爱默生说得好:"它们征服那些认为它们有足够力量征服的人。"

著名的哲学家伊曼努尔·康德说过,恐惧是对危险的自然厌恶,它是人类生活中不可避免的和无法放弃的组成部分。恐惧是很多心理和生理疾病的征兆。与它类似的灰心和抑郁不仅渗透到医疗诊断活动中,还涉及社会、职业和政治、军事、经济、文化等生活的方方面面,以致每个人不知什么时候就会以这种或那种方式碰到。从长远来看,有意识地与自身的恐惧和抑郁做斗争是彻底战胜疾病、战胜生活的唯一选择,特别是面对长期的、日益加重的痛苦时尤显突出。

恐惧多半是心理作用。烦恼、紧张、困窘、恐慌都是起因于消极的想象，但是仅知恐惧的病因并不能根除恐惧。正如医生发现你身体的某个部位受到感染，不会就此了之，还会进一步治疗，根除恐惧也需采取积极对策。

如果你以积极的心态发挥你的想象，并且相信成功是你的权利的话，你的信心就会成就你制订的所有明确目标。但是如果你接受了消极的心态，满脑子想的都是恐惧和挫折的话，那么你所得到的也只是恐惧和失败而已。

有这样一个人，天生就十分胆小，每天都沉浸在对疾病的恐惧中，时常为某种实际上绝不会发生的疾病而烦恼痛苦。假使受了些凉，他也准以为是要犯伤寒重症了；假使喉头有些痛，他体一定以为要犯扁桃腺炎；假使心头有些悸动，他也要惶惶然以为患了严重的心脏病。

世界上有很多人都像这个人一样生活在恐惧当中，由此不可避免地陷入了自卑中。当不祥的预感、忧虑的思想在你心中发作时，你不应当纵容它们发展，而应转换你的想法，努力朝积极的方面想。假使你担心现在的事业会失败，也不应当想到自己是怎样软弱无能、怎样不堪重任，而要尽量想着自己怎样强、怎样有本领、怎样利用过去的经验应付现在的问题、怎样取得成功。

直面恐惧，勇敢地面对危险更是管理者的一种基本素质。"不让恐惧左右自己"，是美国著名将领巴顿用以激励自己的格言。第二次世界大战期间，巴顿将军在北非、地中海和欧洲战场上屡建奇功、威震敌胆，被誉为"血胆将军"。

一个将领要统率千军万马驰骋疆场，必须具有勇冠三军的胆量。巴顿青少年时期就雄心勃勃、心存大志，并努力锻炼自己的胆量，克服恐惧心理，发誓要成为一个勇猛无畏的人。

巴顿小时候发现自己虽然勇敢，但在危险面前并非毫无顾虑。于是他决定锻炼自己的胆量和勇气，努力克服隐藏在内心深处的恐惧心理，并时刻以"不让恐惧左右自己"自勉。

在西点军校学习期间,他有意锻炼自己的勇气。在骑术练习和比赛中,他总是挑最难跨越的障碍和最高的跨栏。在西点的最后一年里,有几次狙击训练时,他突然站起来把头伸进火线区内要试试自己的胆量。为此他受到父亲的责备,而巴顿却满不在乎地说:"我只想看看我有多害怕,我想锻炼自己,使自己不胆怯。"

通过锻炼,巴顿变得异常刚毅果断,这种性格自始至终贯穿其军事生涯。

巴顿在作战中,总结出两条座右铭,那就是:"果断,果断,永远果断!"和"攻击,攻击,再攻击!"在进攻德军并取得胜利的布列塔尼战役中,他的这种指挥思想得到了充分体现。在此战役中,身为集团军司令的巴顿命令第八军冒着两翼和后方暴露挨打的危险,向2英里外德军防守的布雷斯特进攻。这使得那些参谋们顿生忧愁,认为这是铤而走险的做法。但巴顿认为,战机稍纵即逝,目前德空军已被逐出诺曼底地区,德军大部分装甲部队也被牵制于其他战场无法脱身,正面之敌实不堪一击,此时应果断进攻,而不能畏缩不前。

巴顿抓住战机,果断地指挥部队快速挺进攻击,使德军措手不及,一举把德军赶出了布列塔尼半岛的内陆,取得了此次进攻战役的胜利。

巴顿的勇猛果断使他赢得了"血胆将军"的称号,他还因在第二次世界大战中取得赫赫战功而被授予四星上将。巴顿在"不让恐惧左右自己"这一格言的激励下,实现了自己的雄心壮志。

恐惧能摧残人的意志和生命,能影响人的胃,破坏人的修养,减少人的生理与精神的活力,进而破坏人的身体健康。它能破灭人的希望,消退人的志气,使人心力"衰弱"以至不能创造或从事任何事业。

每一位管理者都需要冒险,风险愈高,管理者的情绪愈接近恐惧。要使自己在重要关头能够克服恐惧,最好的办法就是在控制的情境下经常练习。

你也可以用以下克服恐惧的妙方。只要你表现得好像勇气十足,你便会觉得勇敢起来；若这样持续得够久，佯装就变成了事实，你就会在不知不觉中成为真正不惧的勇者。

企业管理者都有抱负，但除非他们学会如何控制更强有力的情绪——恐惧和愤怒，否则抱负将无法实现，因此管理者必须敢于面对恐惧。

正确面对压力

压力是一种负担，也是一种激励，自古以来就是一个沉重的话题，我们每个人都面临压力，不同的只是平庸软弱的人常常被压力压垮，成功者却能变压力为动力。

我们生活在一个竞争激烈、充满压力的世界，不安因素环绕在我们身边，我们的脸上或言谈中随处都显现出一种紧张状态。紧张和压力已经完全深入到我们的生活和工作中。在通往成功的道路上，有胆有识的人能把握自己，可以完全不让压力上身，更不会被压力击倒。

适当的压力和紧张是必要的，正常的紧张可以不断刺激你，让你高效、创造性地工作。如果我们能学会控制紧张，那何尝不是一件好事。控制紧张，应像看电视一样，能开能关。当紧张给我们造成的压力太大时，就随时关上它；当我们觉得过于松散时，就可以打开它，这样才能运用紧张为我们的目标服务。

人的压力实际上多由心理紧张引起。我们的内心被一个问题困扰，身体也会被其所困，这时我们的肌肉会紧张起来，不知不觉就会使我们感到压力。所以要控制压力，必须保持冷静沉着。

压力是与不健康相联系的一种精神状态，同时也是干劲十足的企业管理者地位的一种象征。

减轻压力的有效方法是从源头就把紧张性刺激消除掉，而有的人却一直追寻紧张性刺激来减轻压力。

压力也会因人而异，关键在于感受者的意识。对一个人造成很大压力的情形可能对另一个人几乎没有或根本没有任何后果，有时甚至会产生积极的影响。

压力一个被普遍忽视的特点就是它的传染性。除了自己遭受压力外，我们还能通过行为和态度把它加诸到别人身上。压力不仅是发生在我们身上的某件事情，也不仅是我们被动地承受着的一种力量，而是我们对环境如何评价和反应的一种产物。我们在这个过程中是——或者能够是——积极的参与者。其实际意义是，通过改变看待世界、对付挑战或评价自己处理能力的方式，我们是能够改变自己对压力的敏感度的。

压力可以控制。任何一种特殊的紧张性刺激的影响在很大程度上取决于它被控制的程度，也就是说，接受者有力量改变、消除或逃离紧张性刺激的程度。通过采取能使我们逃离紧张性刺激、终止它或减轻它的严重程度的行为反应，我们可以控制紧张性刺激。例如，我们可以选择从剑齿虎身边逃走、用木棍打它或阻止它接近。控制还表现在心理方面。我们可以忽视紧张性刺激、否认它的存在或重新构想它，使它不再具有威胁性。

压力是一把双刃剑。压力可以将人击垮，也可以使人重新振作，关键取决于你如何看待和排除压力。美国著名作家罗威尔认为压力如同一把刀，它可以为我们所用，也可以把我们割伤，是好是坏就看你握住的是刀刃还是刀柄。遇到压力时，如果握着"刀刃"，就会割到手；但如果握住"刀柄"，就可以用来切东西。要准确握住刀柄，可能不容易，但还是可以做得到的，只不过要讲究方法和技巧。遇到压力时，首选必须冷静，尽量沉着应对。如果内心无法保持冷静，就无法有效处理它。通常我们遇到压力时总是急躁不安，总想着必须立刻采取行动解决这些压力。然而，心慌意乱时，想要找出理性的答案是不太可能的，唯有平静下来，才能真正地面对压力。卡莱尔曾说过："平静是伟大事物的基本要素。"平静可以调整你的心灵，使得犀利睿智的见识浮现出来。冷静能让你完全放松，深入信仰的静谧中，如此便能冷静思考。然后，你便能把握大方向，压力自然会顺利排除。

成功人士面对压力的方法就是，在心态平静的前提下，充分利用超常胆识，紧握刀柄，采取下面的步骤，将压力变为动力。

第一，要意识到适当的压力是有益处的，它能提供行为的动力。例如，如果没有来自支付生活费用的压力，某些人是不会工作的。

第二，充分认识到承受压力过久，将是很麻烦的、棘手的问题。有篇报道说：一座可载重10吨的桥，它为社会很好地服务了15个年头，在这个过程中它承载了数百万吨的重量，但是某一天，一位运载伐木的卡车司机轻视了限载10吨的标志，结果桥坍塌了。

这同美国学者汤姆斯·荷马斯与一些心理学家对压力所做的研究的情形非常吻合。他发现造成压力的最大原因是许多的"改变"同时发生，如果"生活改变单位量"累积达到或超过300个单位就意味着"超载"。在他的衡量刻度中丧偶为100个单位、离婚为73、分居为65、结婚为50等。

第三，越早辨明压力的征兆越好。弗瑞德·史丹伯瑞在《生活》杂志上说："压力将引发许多疾病，诸如癌症、关节炎、心脏和呼吸器官的疾病、偏头痛、敏感症，以及其他心理和生理上的官能障碍。"其他的压力症状有：肌肉痉挛，肩、背、颈酸痛，失眠，疲劳，厌倦，沮丧，情绪低落，反应迟钝，缺乏喜好，饮酒过多，摄食过多或过少，腹泻，痛经，便秘，心悸，恐惧，烦躁。

第四，认真分析辨明症结所在。正如前面所提到的"改变"是造成压力的主要原因，生活中每天烦恼积累造成的"高压"，远甚于一个单纯的外伤。就像一句谚语所说的："一些琐事搅扰我们，并把我们送上拷问台；你可以坐在山上,却不能坐在针尖上。"不管是什么导致了压力,只要能找出它的原因来就可以采取一些对策。

08 良好的心理素质

战争时期的政治领导和军事领导一般比和平时期的领导人物受到更多的赞誉和描述。这一方面是因为战争本身就是人类历史上各种竞争较量中最为波澜壮阔、最能考验各方物力财力、场面宏大、情节复杂的现象,另一方面也因为战争把对人的智力、勇气等素质的考验提到了最高限度。在一场宏大惨烈的战争中,交战双方领导人物在历史的镁光灯前充分曝光,其优点、缺陷,在危机面前的表现,应对麻烦、困惑的措施,这一切都逃不过战争本身的见证,也逃不出历史学家敏锐尖刻的笔触。

商业竞争看起来是决然不同于战争的,既没有炮火轰鸣的大场面,也没有你死我活的生死界限。但是,对公司管理者的素质要求是否就要比对战时政治、军事领导的要求差很多呢?答案是否定的。商业竞争之惨烈并不亚于战争,只不过战争更直观、更一目了然、更注重声势、后果更直接,而商品经济的竞争则更持久、更复杂、手段更隐蔽、更不易觉察、后果更严重。因此,一个管理者不能没有良好的心里素质。

当然,培养良好的心理素质不是一朝一夕、短期内就可以见效、完成的事情,而需要在日常的学习、工作、生活中进行知识的积累,经过实践的磨炼,循序渐进地完成。只有长期不懈地努力,一点一滴渗透到人的内心里，进入人的本质中，变成人的第二天性，人们在活动中才会表现出令人叹服的心理素质。

1. 勤学

培养良好心理素质，一个很重要的方法就是勤于学习。

作为现代社会中的各级管理者，不断地学习专业知识及有关领管理学的知识、心理学等方面的知识是十分必要的，这是培养良好心理素质的重要途径。

管理者不断钻研专业知识，成为专业方面的行家里手，有助于信心和信念的建立和坚定，也能间接地稳定情绪。广博的专业知识基础能使管理者在计划的制订、方案的规划和目标的选择上，持有科学的根据，对他人意见的正确与否、有用与否也有客观的判断标准；在遇到困难挫折时，对未来的预测能有现实的和理论的根据。总之，不会出现外行领导内行的局面，不致给工作带来损失。

2. 重视苦练

培养良好心理素质的另一条途径是苦练。学习毕竟只是一种理念上的、停留在认识层次上的东西，还没有通过行动逐渐地渗透到人的本质中，还没得到巩固，是一种飘忽不定的、没有稳固下来的感受和认识。所以，管理者不仅要注意学习，更要重视苦练。苦练本身就是一种坚强意志的表现，是一种更深层次的学习。

毛泽东是一位特别注重在实践中磨炼自己意志的人。早在湖南长沙读书时，他为了锻炼自己的专注力、抗干扰能力和聚精会神的精神，时常带上书到闹市中去看、去读，用此方法来培养自己的专心和耐心。经过不断的练习，他慢慢养成了身处闹市却心静如水、专心致志而不受影响的读书能力。

3. 不断更新观念

培养良好的心理素质，还需时常更新观念，紧跟时代的步伐，不然思想僵化，以旧的标准来衡量人和事物。

观念的更新意味着人的价值标准、道德标准等都在发生变化，由此对他人的看法和要求也就不同，这将大大影响人的情绪及对他人的接纳程度。现在我国正处于社会转型期，一切呈现出多元化状态，也存在一些不合理的现象。人们看待问题、评价事物的标准都发生了很大的变化，已能接受许多以前不理解或认为不合理的事情，例如合资企业、个体经济等。然而，社会上仍有一部分人的观念没有转变过来，他们对社会上的一些事情看不惯，对他人的行为要求非常苛刻，对一些事情还会有一些强烈的义愤情绪，工作中、生活上就难以时时理智、心情舒畅。这样对人对己都没有好处，反倒会使自己有一种被社会抛弃的感觉。

因此，更新观念直接关系到人们如何去观察问题、认识问题和解决问题，关系到对自己和他人的情绪反应和宽容程度，即直接关系到人的心理成熟程度和健康状况。可以说，更新观念是培养良好心理素质的必经之途，不可忽视和逾越。

综上所述，管理者的心理素质在工作中起着关键性的作用，与管理者的事业成败密切相关。因此，领导者必须注重培养良好的心理素质，平时勤学苦练，并紧跟时代的发展，时常更新观念，为走向事业的成功打下坚实的心理基础。

第二章
魅力比权力更重要

优秀的管理才能，特别是个人的魅力和影响力，比管理者的职位高低和能提供给下属的优越薪资、福利重要得多。魅力才是管理者真正促使员工发挥最大潜力，实现计划和目标的魔杖。

01

魅力是第一要诀

曾有一位著名企业家在一个报告会上说："在现实世界里，众所皆知的一流领导者无一例外地都具有一种罕见的人格特质，他们处处展现出魅力领袖的风范。他们不但能激发下属们的工作意愿，又具有高超的沟通能力，能够动之以情、晓之以理，浑身散发出热烈引人的力量。尤其重要的是，他带领团队屡创佳绩，拥有一连串骄人的成就。运用奖赏与强制来领导，也许有效，但要提高自己的领导魅力，赢得众人的尊重和喜爱，我建议你们要尽最大努力去影响和争取下属的心。假如你们之中谁能做到这点，谁就能成为一位成功的领导人，能完成许多难以完成的任务。"

一个人为什么会为他的主管或组织卖力工作？很重要的原因是他的主

管所拥有的个人魅力像磁铁般征服了他的心,激励他勇往直前。你可能会听到一个下属说:"你和他在一起待上一分钟,你就能感受到他浑身散发出来的光和热。我之所以卖命,乃是他的强大魅力深深吸引我所致。"

多少年来,有关统御、管理的书籍和研究报告数以千计,讨论的主题涉及组织领导、领导者行为、权力领导等,可谓数量众多、内容广泛。这些重要的主题都包含了许多不错的构想。这些构想概括起来其实就是一句话:与其做一位实权在握的主管,不如做一位散发无穷魅力的管理者。就是说主管们需要更多的是令人"慑服"的魅力,而不是令人生畏的权力。

带人要带心。做一位管理者,除非具备了相当大的魅力与影响力,否则很难完成统御的第一个课题:赢得下属的信赖和忠心。是否拥有这种魅力,是一个管理者能否成功的关键。

02 努力培养个人魅力

我们常常可以听到成功企业员工的感受和心声:"我觉得我的主管不能没有我,因为他相当重视我,我愿意为他努力工作。""他好像是我的父母、兄长、益友和良师,他比别人更关怀、更爱我,而且如果失败了,他愿意负起百分之百的责任。""我的主管让我感到自己很重要,他让我觉得在团体里有归属感。""他让我明确知道我如何可以成功,他告诉我目标和航向,并说服我一起同舟共济。"

由此可以看出，除非激发了一个人的工作动机，否则很难让人愿意追随你。成功的管理不在于一位主管的职位和权势，而取决于他有没有具备迥异于人并足以吸引追随者的魅力。

这种魅力对于管理者是如此重要，以至于一旦失去了它，企业便会人心涣散、工作混乱。

一位管理学者毫不留情地指出：90%的管理者，将工作保障、高薪和福利好（这都是根据主管职位的高低、权力的多寡可以控制的因素）视为影响员工工作动机的最重要因素，这其实是值得怀疑的。这位学者进一步指出，在员工的心目中，比上述因素更重要的还有很多，特别是主管只有拥有令人信服的个人魅力，才有办法让员工追随你。权力并不会自动点燃你的魅力，有权力并不意味着你有魅力并可以掌握人心。

魅力是可以培养和增进的，因此不用过分担忧和怀疑自己有无足够的领导魅力。一位心理学家也说过这么一句鼓舞人心的话："每一个人都有一方魅力的沃土，等待你去开垦。"

管理者的人格魅力不是一朝一夕就能培养起来的，可以从以下四个方面努力：

1. 培养独特的个性

人往往具有从众心理，有时是无意识甚至潜意识的。管理者处在一个部门或组织非常独特的位置，需要有自己的独特个性。作为管理者，要想培养自己的人格魅力，必须有独特的个性。

2. 自我察觉和自我意识

自我察觉是指某种刚一产生时你就察觉到的感觉。与人的眼睛有个盲点一样，人的个性也有盲点，有时人不知道自己的感觉，这时就需要不断地反省。如果管理者连自己都不了解，就很难了解别人，更谈不上去管理别人了。这种自我察觉是情感智慧的主要部分，只有对自己的情绪了解得比较清楚的人，才能更好地驾驭自己的人生。

管理者只有时刻进行自我察觉，才可能不断发现自己性格中的弱点，逐步加以改正，最终形成自己的人格魅力。

3. 善于驾驭心情

情绪是人对客观内容反应的一种特殊表现，它具有独特的主观体验和外部表现，要培养宽容率直的性格，就必须善于驾驭自己的心情。

4. 找出缺点

骄傲使人落后，找出缺点并加以改正可以使管理者更富有人格魅力，也更趋于成熟和完善。这需要管理者不断地自我反思和与别人比较。

虚幻的感受往往会变成"真实"的感受。高高在上的管理者很容易对自己的评价有所偏差。管理者不能躺在光环下生活，需要实事求是地剖析自己，摒弃不真实的感受。

那么，培养魅力从哪里入手呢？要注意哪些基本原则呢？

首先，赶紧培养发展一项吸引追随者的超凡特质——"跟我来"。要使追随者"跟我来"，必须先懂得如何激发他们的追随动机。笔者的建议是：

（1）要使别人感到自己很重要。每个人都希望受到重视，你要设法让下属感到本身很重要，并竭尽所能满足他们的这项需求。

（2）要推广你的远见、目标，并说服下属相信你的目标值得全心投入。

（3）记住：想要别人怎样对待你，你就必须怎样对待别人。你想让别人追随你，你就要关心他们，公平地对待他们，将他们的福利牢记在心。

（4）为自己的行为负责，也要为下属的行为负责，千万不要将责任推给别人。要提醒自己："这是我的错，不能怪任何人。"

其次，要讲究方法和技巧。激发了下属的追随动机之后，你还必须切实做到以下三点，这样才能进一步展现令人"慑服"的魅力，有效吸引下属始终跟随着你。

这三点是：扬善惩恶，是非分明；做一个前后一致的人；注意别人，也让别人注意你。

事实显示，有 80% 的主管很难做到这三点，结果造成员工离心离德，企业怨声载道，工作成效无法大幅度地提高。

03

以身作则当好表率

《论语·子路》记载，有一次子路向孔子请教怎样管理政事，孔子曰："'先之劳之。'请益。曰：'无倦。'"意思是说，管理者首先要给自己的下属带头，然后才能让他们勤劳地工作；并且，管理者要永远以身作则，不能倦怠。"君倡而臣和，主先而臣随。"所以，儒家认为，管理者是被管理者的表率，其言行具有示范意义。

孔子还有个著名的观点：所谓"政"，就是管理者的自我端正。也就是说，管理者在要求别人之前，首先要端正自己的品德、作风、言行、举止等，否则，你就不可能管理他人，尤其不能让你的追随者信服。

现在有很多管理者嘴上总挂着这句口头禅："照我说的做。"这是下下策，上上策应是——照我做的做。管理者不能做到公正，原因是无法端正自己的内心，内心端正了，处事就没有偏私。端正自心，首先要端正自身，自身端正了，家庭就能端正，国家就能端正，天下就能端正。

儒家经典《大学》认为，治国平天下的根本在于修身，修身的根本在于正心。孔子说："自己率先端正了，天下还有谁不敢端正？"傅玄说："领导立德的根本没有比'正心'更重要的了。心正而后才能身正，身正而后才能让左右的人正，左右正而后才朝廷正，朝廷正而后才国家正，国家正而后才天下正。反过来说，天下不正要从国家建设做起，国家不正要整顿朝纲，朝廷不正要整顿文武百官，左右不正，当领导的就要从加强自身修养做起，自身不正要从修心做起。修养的对象越贴近，所带来的影响、效果越久远。大禹、成汤肯责备自己，所以国家兴旺，显得生气勃勃。"这是大端正。端正了自心，就端正了自身；端正了自身，就端正了别人。

《论语》中说："其身正，不令而行；其身不正，虽令不从。"这句话也是告诫管理者必须品行端正、谨慎从事、率先垂范。

管理者的言谈举止、音容笑貌、喜怒哀乐都会直接影响到部属和群众。如果他的行为规范、得体，即使不制定任何法令（规章）制度，人们也能自然地效法他的行为，走正道，做正事；但如果他的行为不正，胡作非为，即使制定严格的法令、法规，人们也不会执行。

我国农村曾经流传着这样一个顺口溜："村看村，户看户，群众看干部。"群众看干部的什么？群众看干部如何说，更重要的是看干部怎么做。上梁不正下梁歪，做领导的念歪了经、做歪了事，部下和百姓自然就会以歪就歪。相反，做领导的要使部下听命于己，要取信于百姓，建立良好的形象，自己就应先规规矩矩、扎扎实实地做出个样子来。

想让下属对你肃然起敬吗？凡事以身作则最重要。

办公室里是否会经常会发生这样的事："小李，你还在煲电话粥？怎么效率如此低？"肥胖的陈先生批评打字小姐，可是他连电脑的键盘也未触碰过，每天躲在办公室煲电话粥，就好像整个办公室除他之外别无他人。还有张经理不理解任何下属所担任的工作，只要求快而准。他甚至不能忍受下属在座位上做松弛筋骨的运动，认为这等于伸懒腰，是懒散的表现。下属却看见他呵欠频频、睡眼惺忪，心里感到格外厌恶。在如此气氛中工作，业绩当然不佳，无论张经理如何责备下属，情况也不会有多大改善。但有另一种完全不同的领导，他可以和几位下属共同负责会务的工作，甚至可以不计身份地与下属一起到仓库里搬货物。他和下属的工作往往就效率高，气氛良好，出错率极低。

领导要下属积极投入工作，首先自己要有这份情操，不要把私人事情夹在公事中，要永远保持愉快的笑容，这才是上司的正面形象。要是领导经常愁眉苦脸、翘高双腿看报刊杂志，让下属干活，则属短线上司型，是经不起时间考验的。

遇到下属迟到的问题，在责备其上班不准时的时候，先要想想自己是否做到按时上班了。自己都没有做到的事情是无权要求别人做到的，否则会引起下属的不满和不信任。遇到下属迟到，有一些微妙的方法可以在无形中改善这种情况。看到迟到的下属上班，可跟对方打个招呼后，有意无意地看看手表，如果对方仍无反应的话，别再追问。等他再一次迟到，不妨问他是否居住得很远，然后建议他提早些起床。

在整个过程，勿忘保持友善的笑容，而且声音不要太大，仅对方能听到就可以了，免得他在同事面前感到尴尬，从而对你心生怨恨。

还有一个许多上司会犯的严重错误，就是开会和散会的时间不定，全凭个人心情行事。开会时间一经定下，就不能因个人理由而随意改动，须知下属已经刻意腾出那段时间开会，如果随意改变，下属将大失所望，影响工作进度和情绪。

无论是开会这样的大事，还是其他鸡毛蒜皮的小事，作为管理者都应该以身作则。换句话说就是，领头人就一定要有领头人的样，否则就不要做领头人。

曹操当年在军中能享有较高的威望，大小将士都乐于为他卖命，对他唯命是从，很大程度上是因为他能从自己做起，使将士心服口服。在寿春城大战袁术后曾发生过这么一件事：曹操班师回府时，路经一带麦田，曹操传令大小将校，不得践踏麦禾，违者处斩。事也奇巧，曹操的坐骑受惊乱跑，踩坏了大片麦田。事情发生后，曹操不愿践踏自己制定的法纪，便找来行军主簿，要他依法处治自己。主簿不敢，曹操深明大义，说："吾自制法，吾自犯之，何以服众？"于是抽剑就要自刎。众人再三劝说后，曹操采取了一个折中办法：割发代首。三军见此，谁还敢拿鸡蛋去碰石头？

由此可见，先做出样子对于管理者树立威信，取得成绩十分重要。

在台上说得唾沫横飞，还不如身体力行做一回来得有鼓动性、号召力。嘴上说得天花乱坠、讲得振振有词，做起来又是另行一套，倒不如不讲。言行不一，无异于在脸上刻下"伪君子"几个字，让人骤生反感。一个只有严格要求自己，起带头表率作用，才能服众。更何况，己欲立而立人，己欲达而达人。只有自己愿意做的事，才能要求别人也去做；只有自己能够做到的事，才能要求别人也做到。

04

身教重于言教

美国行政管理学家切克·威尔逊提出：如果部下得知有一位领导在场负责解决困难时，他们会因此信心倍增。因此说，身教重于言教。

日本本田技研工业公司的创始人和总经理本田宗一郎以对人太粗暴而闻名。他一看见员工做得不对，拳头立刻就会飞过去。虽没有做错但只是依葫芦画瓢、没有一点创新的人和做错事闯大祸的人一样会遭到一顿好打。有的人挨打后还不知道是怎么一回事，认为老板大概是发疯了，但事后本田宗一郎还是会告诉员工挨打的原因。虽然事后本田宗一郎会马上反省，但也只是在脸上稍有点对不起的表情。

尽管如此，年轻人并不讨厌他，因为本田宗一郎总是率先去干棘手的事、艰苦的活儿，亲自做示范，无声地告诉人们你们也要这样干。

美国大器晚成的女企业家玛丽·凯什在这个问题上更是有自己独到的

见解。她认为领导的速度就是众人的速度，称职的经理应该以身作则。她说："一个称职的经理必须能以实际行动激励部下，经理不但应在工作习惯方面，还应在衣着打扮方面为众人树立一个好榜样，经理形象是十分重要的……我只在自己形象极佳时才肯接待光临我家的客人，我认为，自己是一家化妆品公司的创始人，必须给人留下好的印象。若不能给人留下好印象，不如干脆闭门谢客。为此，我甚至不得不限制自己最喜爱的消遣方式——养花。要是让我们公司的人看见我身上沾满了泥浆，那多不好。我的这些做法已传出去了。有人告诉我，我们的全国销售主任中有许多人在学着我的样子，都穿得十分漂亮，成了各自地区成千上万的美容顾问在穿着方面效法的榜样……"

人们往往模仿经理的工作习惯和修养，而不管其好坏。假如一位经理常常迟到，吃完午饭后迟迟不回办公室，打起私人电话没完没了，不时因喝咖啡而中断工作，一天到晚眼睛只盯着墙上的挂钟，那么他的部下大概也会如法炮制。值得庆幸的是，员工们也会模仿经理的好习惯……

作为一个经理，你重任在肩，职位越高，越应重视给人留下的印象。因为经理总是处于众目睽睽之下，所以你采取行动时务必要考虑到这一点。以身作则吧！过不了多久，你的部下就会照着你的样子去做。可见，身教的作用不可低估。身教是各级管理者必不可少的"基本功""必修课"，只有充分发挥身教作用，才能成为一名好管理者。

在企业管理中，身教不仅起到导向和示范作用，而且有凝聚人心、化解矛盾、鼓舞士气、催人奋进的特殊功能。长期的经验教训证明：身教是密切管理人员与员工的黏合剂。管理人员的职位越高，身教影响力的涉及面就越宽。管理人员只有自身过得硬，才能引起见贤思齐的广泛思想共鸣，带出过硬的团队。而且，从某个或某些管理者身上往往可以看到一个企业的前途与希望。

⑤ 利用个人魅力树立威信

魅力是一种吸引力与影响力，是一种源自个人性格的行为表现，是一种人际互动中情绪的激荡与传达，是一种具有权力、威望、令人敬仰的心理状态。

有人认为魅力是与生俱来的禀赋，但拿破仑却说："我的权力靠我的威望，而我的威望全靠我打胜仗。如果我不再打胜仗，不再有威望，我的权力就会消失。征服造就今天的我，也只有征服才能保持现在的我。"

拿破仑认为他是通过努力获得成功的，成功造就了他的形象魅力。事实上，领导能力的决定因素是：领导者的特质属性、下属的素质能力、领导者的行为动作以及当时的处境。

领导能力发挥得好，便能充分展现领导的魅力，它是以个人影响力与权力为基础的。

个人影响力体现为信息的力量、专家的力量、关系的力量和参照的力量；组织赋予的权力体现为合法的力量、奖酬的力量、处罚的力量等。

1. 信息的力量

管理者所处的职位决定了信息的流向与内容，当信息与员工有利害关系时就显得尤其重要。管理者是否掌握下属所需要的信息、所获得的信息有多少、愿意分享的程度有多大，这些都会影响下属的行为。

2. 专家的力量

对专业知识和技巧十分熟悉和精通，经验非常丰富，具有专家的形象与自信；遇到困难、危机时，表现出专业的决断力。

3. 关系的力量

由于管理者接近决策核心，加之绩效特别显著，其前程一片光明，资源充裕，形象也比较容易影响其他人。

4. 参照的力量

管理者本身的内在修养、道德情操为下属敬仰，可以作为下属模仿的对象。管理者平时在生活和工作上能关怀下属，以一种谈心的方式来减少与下属的隔阂，与下属建立师友关系，自然可以影响下属的行为。

5. 合法的力量

管理者地位身份的取得有其合法性、正当性，不同的职位有一定的权力和责任。在合法的范围内，是指领导者不越权。

6. 奖酬的力量

莎士比亚说："一件功劳要是默默无闻，可以打消以后再做一千件的兴致。褒奖便是我们的报酬。"对表现优异的下属要给予肯定或赞美，满足其要求。奖酬的方式有：金钱奖励、晋升职位、认可表扬、弹性自由、进修成长、行动参与等。

7. 处罚的力量

如果下属的表现不符合要求或违抗命令，则应对其行为进行处罚，使其遭受损失或痛苦。处罚方法有：调职、扣薪、降级、记过、解职等。

彼得·德鲁克说："管理是一种客观职能，它取决于任务，也取决于文化条件，从属于一定社会的价值观念和生产习惯。"管理者充分展现自己的魅力，就会拥有威信。

第三章
杰出管理者需要高超的人际交往能力

"世事洞明皆学问，人情练达即文章。"要在管理者的位置上坐好、坐稳，离不开与周围人群建立良好的关系，包括上级、下属、同行、外部等。在管理活动中需要具有调节人际关系的艺术。

成功人士的一个共同特点就是，他们都具有建立并维系一个良好人际网络的能力。一个人是否有宽广的人际关系网，是衡量他社交能力强弱以及成功与否的一个重要标准。你的社交能力有多大，你的办事能力就会有多大，没有社交能力的人是绝对成不了大事的。

01
利用情感赢得人心

俗话说，人非草木，孰能无情。人心都是肉长的，一个人无论外表多么强硬，其内心深处也一定有情感的需要，都希望从他人那里得到关怀、体贴和重视。有时候，人们即使在物质上得到很大满足，也代替不了情感上的独特需要。甚至有时候，人们把情感看得比物质利益更重要。

有些人有幸灾乐祸的心理，看到别人过得比自己好，就不舒服，看到人家过得不如意了，就高兴了，这样的人注定没有真心朋友。相反，如果一个人忧他人所忧，乐他人所乐，对别人富有同情心，并在患难时伸出援助之手，就很容易征服对方。

现在人们常说感情投资，因为在人际关系上，投资感情往往能获得投资金钱和利益所没有的独特的征服人心的效果。中国有句古话说，得人心者得天下。许多领袖人物深谙此道，懂得通过情感打动人，将人才笼络在自己麾下，所以他们能够让许多人才为己所用。

有时候，情感似乎就是人的软肋，是"阿喀琉斯之踵"，是人最容易被攻破的地方。

无论是在工作上、家庭中还是其他方面，只要心不在焉，事情就很难成功；只有全心全意地付出，工作才能做好。管理者在工作过程中，应全心全意地对待下属，学会利用情感笼络人心。

美国旅游公司总裁哈尔罗森·勃罗斯曾说："最高水平的服务发自内心。一个企业只有赢得了员工的心，才能提供最佳服务。"管理者赢得了人心，员工的激情就会自然而然产生，并能体会到挑战的兴奋、竞争的刺激和成功的喜悦。心理学家说："你不必管理自觉的人，如果他们的心投入了，做任何工作都会有动力。"

职员能否全身心地投入工作，是事业成功的关键之一。管理者抓住了职员的心，也就抓住了一群活生生的人。

管理者可以分为两种类型。有些是严厉分子，他们依靠高声、粗暴的咆哮来驱使人们工作，然后以威严来激励部属；而大多数的老板，要求虽然一样，但能把严厉融化在说理、分析及幽默感中。

保罗·盖蒂是西方首屈一指的石油大亨，他把大部分的时间都花在油田里和他的雇员一起工作。某次发生的偶然事件，虽然其本身并不太重要，却让盖蒂认识到和员工建立良好的关系有多么重要。

这天，盖蒂在油井工地上注意到一个名叫汉克的搬运工动作懒散，便生气地骂起来:"你在干什么?振作起来,笨蛋!"骂完之后,他还咆哮了一声。"好的,老板。"汉克平静地回答道,同时奇怪地看了盖蒂一眼。这让盖蒂感到莫名其妙。不一会儿,他才了解到汉克有手伤,他本来可以回去接受治疗,但因为不愿让工友和老板失望,于是留了下来。得知这个情况后,盖蒂走到汉克身旁,说:"抱歉!我刚才不应该发火。我开车送你进城去找个医生看看你的伤手。"听到老板这句话,汉克和他的伙伴久久地瞪着盖蒂,然后开心地笑了。

从表面上看,这件小事没有多大意义,却是有着高度价值的管理秘诀。盖蒂身为老板,未事先查明真相便乱发脾气,使下属产生了抵触情绪。幸好,盖蒂发现过错后,立即真诚地道了歉,而且提出合理的、适当的补救方法,这样双方又重新建立了良好的关系。

好的和有效率的上下级关系建立在并不复杂的基础上。成功的管理者欲抓住员工的心,要从两个方面努力:

1. 使员工感到愉快

如果公司成天暮气沉沉,各成员之间"鸡犬之声相闻,老死不相往来",如何能激发员工热爱企业之情呢?如果公司不能激发快乐气氛和振奋精神,又怎么能使员工全心全意地工作呢?有人问比尔·盖茨,如果让他重新开始,他会去哪家公司上班?盖茨没有直接回答,只是谈了使人高兴和令人感到工作有趣的重要性。为了吸引和留住那些最好的职员并激发他们的工作激情,老板们需要在工作场所营造一种振奋精神和令人愉快的氛围。

2. 兼顾工作和家庭

家庭是社会的细胞,稳定家庭对工作有很大促的进作用。一份调查报告中说"有90%的高层领导将工作带回家去做",他们呼吁要更好地注意兼顾员工们的工作和家庭,否则企业有可能失去一些人才。

由于社会竞争越来越大,人们的生存压力也越来越大,在日本许多人因过度劳累而猝死在工作岗位上。之所以会发生这种现象,就是因为日本政府和企业领导未能协调好员工工作和生活需要之间的平衡。要赢得职员的心，就必须采取积极的方法兼顾他们的工作和家庭。

高效能生活最主要的、也是唯一的因素是平衡，平衡工作做得越好，效能、热忱和创造力也就越大。

02

以真诚换取真诚

社会是由变化的、多层次的、无数的人际关系网组成的立体网络，每个人都是这一网络结构中的"结"，同上下左右、四面八方、各种各样的人发生着关系。没有丰富的阅历，没有一颗真诚的待人之心，没有屈伸自如的豁达胸怀，就难以与人和谐相处，难以在社会上来去自由。

美国前总统提奥多·罗斯福异常受欢迎，而他的仆人更是对他顶礼膜拜。这一切源于他能真诚地与人和谐相处。罗斯福的黑人男仆詹姆斯·亚默斯曾经写过一本名叫《提奥多·罗斯福，仆人眼中的英雄》的畅销书。在那本书中，亚默斯描写了罗斯福的一系列生活细节。

罗斯福下台以后，一天到白宫去拜访，碰巧塔夫脱总统和夫人都不在。他真诚地向所有白宫旧仆人打招呼，且能叫出名字来，甚至连厨房的女工也不例外。

亚默斯在书中写道：

当总统（罗斯福）见到厨房的欧巴·桑亚丽丝时，就问她是否还烘制玉米面包，桑亚丽丝回答他，她有时会为仆人烘制一些，但是楼上的人都不吃。

"他们的胃口太差了,"罗斯福有些不平地说,"等我见到总统（塔夫脱）的时候,我会这样告诉他。"

桑亚丽丝端出一块玉米面包给他,他一面走向办公室一面吃,经过园丁和工人的身旁时,还跟他们打招呼……

"他对待每一个人,都同以前一样。他们仍然彼此低语讨论这件事,而艾克胡福眼中含着泪说:'这是将近两年来我们唯一有过的快乐日子,我们中的任何人都不愿意把这个日子跟一张百元大钞交换。'"亚默斯总结说。

为什么罗斯福离职后还受到以前仆人的欢迎呢？就在于他有一颗真诚、善良、尊重别人的心。

与人为善,平等尊重,是与人和谐相处的基础。像罗斯福那样,主动热情地与周围的人接近,表示出一种愿意与人交往的状态。切忌显出孤芳自赏、自诩清高的态度,给人一种高人一等的感觉。不平等的态度永远不会赢得友谊。

以下是真诚处世的八条建议：

（1）亲切有礼、笑口常开。不要板着面孔,不闻不问,表现得不耐烦。

（2）不忘原谅、宽待别人。遇到矛盾要多把自己和别人的心理位置加以调换,设身处地为别人着想。

（3）原则性与灵活性兼顾。与人相处难免有矛盾,只有对立,没有调和,很容易将事情搞糟。在发生对立时,必须学会内刚外柔,这样问题就好解决了。

（4）以信义为重。与人相处必须讲信义,我能以信义待人,别人也会以信义待我。

（5）为人处世堂堂正正,切忌背后耍手段。否则,最终下场难免可悲。

（6）与人为善,多道人之长。假如这是发自内心的,就会增进别人的好感,别人就会放心地与你共事合作。我授恩于人,不图报答,也不向别人夸耀,别人自会记住我的好处。

（7）生活中不可能做到人人对我满意。豪爽者易受多疑者猜忌，勤奋者易受懒惰者反感。对无理的非议要心中有数，但不可无端猜疑别人。

（8）不要过分显示自己。因为这就意味着贬低别人，这样难免令人生厌，致使自己孤立。

（9）切忌傲慢。受教于他人，要虚心听取；批评别人，不要居高临下；对不如自己的人不要冷淡，这样便会得到别人的尊敬。

要做一个真诚的人并不容易，因为来不得半点虚假和功利，需要实实在在地付出、奉献。一个处处为他人着想，绝不为个人利益而放弃诚实的人，人人都会真诚地接纳他，愿意和他交往。所以要想给人留下好印象，最要紧的是"恰当地真诚"。

03

放下架子

管理者要是摆架子，会令下属局促不安，尤其是那些一到上司面前就感到紧张、拘谨的下属，更是会退避三舍。管理者应善解人意，以平等的姿态、真诚的态度、风趣的言语主动创造和谐轻松的气氛，消除对方的紧张情绪，缩短彼此的心理距离。

我们经常会听到这样的议论："嗨！我们这个单位的领导，官虽然只有芝麻粒大，架子摆得倒不小。哼，他越是这样子，我们就越懒得理他。"

"你们单位的领导讲起话来怎么是那个样子，拿腔拿调的，真让人受不了。"

爱摆架子的管理者不少，这些人不仅与别的领导关系紧张，与其下属关系也不和谐。爱摆架子的管理者表现为：

1. 和普通百姓保持一点距离

爱摆架子的管理者平时紧绷着面孔，轻易不下基层，不接触群众，他们把和群众开玩笑、打成一片看成是有损自己威信的事。在现场能了解的问题，爱摆架子的管理者也总是安排他人到办公室来向他汇报，问东问西，还不时提些问题，以显示自己的水平。

2. 自己比别人高明

领导之所以能成为领导，就是因为在某些方面比别人高明一些。但是，爱摆架子的领导却将这一点绝对化了。他们不是认为自己只高明一点，而是认为自己要高明得多；不是认为自己只在某个方面高明，而是在所有方面都高明。这种缺少自知之明的心理所产生的结果，往往会适得其反。

刘备为给关羽、张飞报仇，兴百万之师讨伐东吴，孙权从阚泽言，起用陆逊为主将，统率三军抗刘。消息传来，刘备问陆逊是谁？马良回答说是东吴一位书生，年轻有为，袭荆州便是他用的计。刘备大怒，非要擒杀陆逊为关羽、张飞报仇。马良劝谏道，陆逊有周瑜之才，不可轻敌。刘备却嘲笑道："朕用兵老矣，岂不如一黄口孺子耶！"用兵打仗之道，重的是谁能把握战机，深谙谋略，与年龄无关。刘备自称"朕用兵老矣"，夸口自己经历的战争多，谋略周全，这是不切实际的狂言。"岂不如一黄口孺子耶！"他嘲讽陆逊是乳臭未干的小毛孩，看不起陆逊，这是轻敌的表现，是未战先败了一阵。后来，陆逊用计火烧连营八百里，令刘备吃了大败仗。

刘备这个教训启示人们，管理者在考虑问题时，不能把自己的身份摆进去，按自己的职务看问题，就会少了客观性，多了盲目性，这样就难以周全，处理问题就会产生偏差，脱离实际，造成损失。刘备说他"用兵老矣，岂不如一黄口孺子耶"，表明他爱摆领导的架子，从而酿成千古遗恨。

为什么有的领导爱摆架子呢？这是由于一些人的等级观念根深蒂固，喜将人分为上中下几等，认为官当得越大，就越是高人一等。他们如果当了官，就洋洋得意，会情不自禁地显示出高人一等的样子来。

从威信方面来说，那些借助本人的真才实学、高超的业务水平和工作能力，与众人建立密切感情关系的管理者，其威信越大；而那些借资历、官职的大小而摆出一副官样的管理者，其威信越小，容易成为孤家寡人。

过分突出自我，藐视他人的存在，严重脱离群众，这不是现代管理者应有的做法。作为一名现代管理者，还是少摆架子为好。

与人交往一定要做到平等待人，这不仅是文明礼貌的行为，也是人品修养的体现。平等待人，要求人们在社会交往中，不管彼此之间的社会地位和生活条件有多大的差别，都应一视同仁。待人切忌"势利眼"。古人说"不谄上而慢下，不厌故而敬新"，意思是不应用卑贱的态度去巴结逢迎有权势、有钱财的人，也不能怠慢经济条件较差、社会地位不高的人。人本无高低贵贱之分，每个人都有自己的人格，人格是人的一种意识和心理，需要时时加以维护。人格的基本要求是不受歧视、不被侮辱、要求平等。

如果你不愿遭到别人的反感、疏远，切勿傲慢和过分强调自我。如果每个人都注意加强品德修养，都谨防傲慢，那将会使彼此的人际关系更加和谐。

04

增强社交能力

美国哈佛大学教授团曾于 1924 年在芝加哥某厂做了"如何提高生产率"的实验。他们发现，人际关系是提高生产率的关键所在，"人际关系"一词由此而生。

社交是每个人都无法回避的生活内容。善于社交的人在社会上广受欢迎，所承受的社会压力也比别人小得多，成功的概率也相对较高。正如美国著名学者卡耐基所说："一个人的成功，只有15%是由于他的专业技术，而85%则要靠人际关系和他的为人处世能力。"可见，一个人的社交能力有多么重要。

如今，生活越来越忙碌，也越来越复杂，人与人、人与社会的关系越来越密切，社交往来必不可缺，人们合作的机会越来越多，交往能力也越来越重要。

美国摩根银行的股东兼总经理莫洛以前是一个法院的书记，后来做了一家公司的经理，他之所以被摩根银行的董事们相中，并登上摩根银行总经理的宝座，据说是因为他在企业界有极佳的人缘。

为什么好人缘这样重要呢？其实不难理解：一个人缘不好的人，大小事情只能靠自己去做，能力再强，又能做多少事情呢？生活中无时无刻不在与人交往，没有良好的人际关系，便不能获得别人的帮助与支持，甚至会处处遇到阻挠，即使有力也无处使。反之，一个善于交往、人缘很好的人，就算能力平平，也能处处获得别人的理解、支持、信任和帮助，办起事来如顺风行船，很容易达到目的。所以，"好水平不如好人缘"并非夸大其词。

正因如此，擅长社交者在社会上越来越受重视。许多公司在招聘高级领导者时，都要考察他的人际关系，没有好的人脉，能力再强，也不能录用。反之，如在人际关系方面有超群的能力，有非常好的人脉，其他条件都可放宽。

交往能力欠缺是影响人际关系的原因之一。比如有些人，交友愿望强烈，然而总感到没有机会；想表现自己，却出了洋相；想关心他人，但不知从何做起；想赞美他人，可怎么也开不了口；想调解他人的矛盾，可经常好心办坏事等。人际交往的能力可以锻炼提高，关键要多进行交往实践、多动脑筋。

人格因素对人际交往有着至关重要的影响。一些不良的人格特征，如虚伪、自私自利、不尊重人、报复心强、嫉妒心强、猜疑心重、太过苛求、自卑、自傲、孤独、固执等，容易给人留下不愉快的感受乃至危险感，会影响人际交往的效果。因此，好的人际交往离不开双方良好的人格品质。

05 善于运用组织的力量

组织能力是指管理者在正确运用手中权力，协调领导组织关系，合理调动、利用、配置和开发各种资源，高效实现管理目标过程中应具备的才智和技能。组织能力是现代管理者不可缺少的能力之一。

运用组织是一种高超的管理艺术。运用组织时，管理者的思想与方法、权变与技巧、眼光与智慧、手段与策略缺一不可。

能否灵活地运用组织，全在于管理者心灵的感受与魄力、为人的气度与雅量，其中的神妙奇特之处，只可意会，不可言传。

运用一个组织，只是一种单纯的艺术；运用两个或群体组织，才是一种高难度的复杂的艺术。有的人喜欢使用一个组织，这是单轨制组织；有的人喜欢使用两个组织，这是双轨制组织；有的人喜欢使用群体组织，这是多轨制组织。

有的人喜欢在一个组织内实行双轨制或多轨制，也就是同时培植几个团体势力，以达到彼此钳制的效果。有的人不希望组织内一种势力过于张扬、庞大，为防止"取而代之"的事件发生，便在组织里另设组织、团队里另设团队，也就是层层设圈，便于以此制彼，使大家的力量相对弱化。同时，他又希望这些组织相对集中，便于灵活驾驭；又求容易监察，便于综合利用。这是一种复杂的组织运用艺术。把握政策，使用人才，以政策使用人才；制定纪律，使用人才，以纪律使用人才。这是一种简单的组织运用艺术。

运用组织的力量以达到自己的目的，有三种方法：

第一种方法是在组织内部跟着有实力的团队前进，当团队成功了，自己也就成功了。这是现代管理者广泛使用的方法。

第二种方法是在组织外部不受组织的约束，巧妙利用各种组织存在的薄弱环节制造利害冲突，使其相互倾轧、相互攻击、相互毁灭。如同利用棋盘上的棋子，抛开道德良心，无论使用怎样的阴谋诡计，只求达到个人目的。

第三种方法是站在几个彼此仇视的组织之外，运用灵活的手段使其变得和谐起来，让它们交替做出让步，然后暗中扶持一方，使彼此的势力都受到牵制，自己则站在中央，使各方都甘愿为我所用、为我效力。

当然，真正伟大的事业不允许个人谋求私利，运用组织，领导组织不应该夹杂个人需要，更不应该让阴谋手段破坏组织在众人心中的地位和威信。

一个组织不能缺少杰出的领导，不能缺少精明干练的干部，不能缺少忠实坚贞的群众，不能缺少顺应时代潮流、适应团队需要的主义和钢铁般的纪律。领导、干部、群众、主义、纪律，这是构成组织的五个要素。同时，作为一个组织，它是人才结合圈，有共同理想、信念和信仰的人才越多，组织的力量就越强大。现代社会的竞争完全是在打组织战、人才战，所以应该重视组织的质量，而不是单求组织的数量。在组织中，选举出领导后，每个成员以一当十，以十当百，真诚合作，忠贞不二，同心同德，集中力量，在竞争中自能战无不胜、攻无不克。

作为领导，要依靠能力使组织中所有成员团结得像一个人似的，使大家的思想、信念、行动都演化成一个整体，成为"一"。领导更要以此为目标，力求整个组织达到"一"，以"一"为中心，让全体成员认识到：组织成功就是我成功，组织失败就是我失败。

组织的灵魂在于主义。主义是思想，是信仰，是力量。要实现主义，离不开制度、政策、措施。主义不可动摇，不可改变，而制度、政策、措施必须适应时代、环境的需要，因人、因时、因地的变化而随时变化。因此，组织有了优秀的主义还不够，还必须随着时代的推移与变迁，随时出台相对应的制度、政策、措施，如此组织的目标才能实现。

现代社会，竞争越来越激烈，竞争的领域也越来越广泛，如经济竞争、文化竞争、科技竞争、信息竞争、宣传竞争等。这些竞争都是以组织为基础的，而所有的组织竞争又是以人才为基础的。

因此，现代社会的竞争就是人才的竞争。领导对人才的重视、对人才的选拔、对人才的任用是赢得竞争胜利的法宝。一个组织的强盛与衰落、成功与失败全在于此。

06

学会与新闻媒介打交道

美国著名管理学家德鲁克曾说，组织存在的唯一原因是为外界环境服务。在现代社会，社会组织的生存和发展愈来愈依赖于外部的环境。社会组织只有正确处理、协调众多的外部关系，并运用自己的能力去熟悉、适应外部环境，才能使环境有利于组织的生存和发展。搞好组织的外部公关协调，是一个组织获得成功不可或缺的基本条件之一。

组织的外部公共关系，是指那些非属该组织但与其发生关系并且有着广泛影响的公众，即外部公众。而新闻界在这其中又起着举足轻重的作用。所谓新闻界，一般泛指报社、电台、电视台、通讯社、杂志社等新闻传播机构中有组织的群体。组织与新闻媒介的关系是社会组织与新闻传播机构、新闻界人士的关系。新闻界通过新闻报道、新闻评论、组织社会评论等方式，在社会范围内发挥着表达舆论、反映舆论、引导舆论的特殊功能。

　　身为管理者，不可避免地要经常接触媒体。管理者代表着企业的声誉和形象，因此在面对媒体的时候应该镇定自若、潇洒从容。

1. 实事求是，尊重媒体

　　新闻界的职业特点是重视新闻报道的客观性、及时性和公正性，且不受其他势力的左右。管理者必须尊重新闻界的职业特点，即尊重新闻记者地位的独立性，而不能把新闻界纯粹当作宣传本组织的工具，诱使或强迫其报道有利于本组织的消息，否则就等于轻视新闻媒介的独立性，结果必然得不到他们的合作和支持。

　　而且，新闻媒介讲求实事求是，崇尚真实，反对弄虚作假，因此管理者在同新闻界打交道时，一定要诚恳、真挚，提供的新闻素材要真实可信，没有人为因素。不要对记者封锁消息，哪怕是不利于本组织的。提供新闻时切忌自吹自擂，撰写的新闻稿要保质保量，避免滥竽充数。新闻媒介所提出的问题，一般都涉及社会政治、经济、文化生活中的重大事件，涉及面广，与国家政策、形势走向等重大问题往往有着千丝万缕的联系。这种情况下，管理者说话更要实事求是，是什么就说什么。确实涉及重大机密，不能向新闻界透露时，也要用外交辞令委婉地表达出来，绝不能弄虚作假。某些管理者为了炫耀自己的口才，往往言过其实、夸夸其谈，不仅有可能在不经意间泄露本属于机密的东西，而且会给人以不真实的感觉，引起听众的反感。

　　另外，与新闻界交往时还要考虑对方的具体情况，考虑到听众、观众的心理状态，不能千篇一律，应区别情况，灵活应对，促进答问双方的相互理解和双向交流。如果不考虑对方的心理情绪，单纯站在自己一边向对方灌输自己的观点，甚至强词夺理，强迫对方接受自己的观点，就不会给人以实事求是、真实可信的印象。

2. 平等相待，一视同仁

管理者对所有的新闻机构和媒介，不论地区远近，不论级别高低，都要平等相待、一视同仁、以礼相待，使他们都能够平等地获得本组织所提供的各种信息，切忌厚此薄彼、"看人下菜碟"。对于曾经批评过本组织的新闻机构和记者，要不计前嫌，更不能挟嫌报复，侵犯其人权，而应像对待其他机构和记者一样热情接待，为其新闻报道提供方便，保证他们的正常工作。

3. 积极主动，广交媒体朋友

正是由于媒介的重要作用，管理者必须能与媒介进行有效的协调和沟通，能够主动积极地加强宣传，使自己所管理的组织能更多地为人所熟知，以扩大影响力。

对于管理者来说，新闻界公众是具有双重人格的特殊公众。它既是管理组织及管理者赖以实现管理目标的重要媒介，又是管理者必须尽力争取的重要公众。新闻媒介有着不可忽视的特性，它传播信息快、覆盖面广、影响力大、威望度高，可以左右整个社会舆论，影响和引导民意，对社会经济、政治局势的变化具有不容忽视的作用，因此在欧美国家被看作是立法、司法、行政三大权力之后的"第四权力"。任何组织和个人都不敢轻视新闻媒介这一重要舆论工具，正可谓"得之者锦上添花，失之者名誉扫地"。由此可见，任何管理者要想使本组织得到社会舆论的支持，维持良好的社会声誉，都必须协调好与新闻界的关系。

自从大众传播媒介产生以后，我国传统的领导公共关系活动得到了进一步发展。特别是在我国近代史上，康有为、梁启超等资产阶级维新派运用报纸等传播媒介宣传政治改良活动，就是在政治领域开展的一次出色的领导公共关系活动。客观地说，尽管资产阶级维新派依靠的是上层社会的知识分子，但他们对知识分子以外的公众力量以及舆论的重要性还是有一定认识的。例如康有为认为，在民族危亡之时，"果能合四万万人，人人热愤，则无不可为者，奚患于不能救！"梁启超则指出："凡欲为国民有所尽力者，苟反抗于舆论，必不足以成事。"正因为有了这样的认识，康、梁等人运用报纸等传播媒介，在社会上开展了轰轰烈烈的宣传政治改良的活动。

中华人民共和国成立后到党的十一届三中全会之前，虽然我国尚未建立起现代领导公共关系学，但是党和国家的许多领导人都能较娴熟地运用一些公共关系的技巧和艺术。比如在 20 世纪 50 年代中期，面对帝国主义和国外反动势力的敌视，中国共产党和中国政府在国际交往中主张处理国际关系要坚持"和平共处五项原则"，受到国际舆论赞同，争取到广泛的国际同情，逐步与各国建立起广泛的国际友好关系。这些活动与现代领导公共关系所讲求的以传播为手段，通过影响社会舆论来树立形象的原则是一致的。

4. 争取媒介信任，赢得公众之心

要以开放、平等的姿态接待新闻媒介，过分拘谨或高高在上的骄矜都不可取。要因势利导，使采访和谈话的内容始终在一个可以调控的范围之内。对所谈内容的重点要做到心中有数，要有简洁明了的谈话提纲。

在谈话紧扣主题的前提下，可以穿插趣味性的内容。企业家发表谈话的内容往往是严肃的、数字性较强的，如果一直板着脸谈这类内容，往往容易使新闻记者感到冷若冰霜，文章通过新闻媒介发表和传播出去后，公众也自然而然会产生一种距离感，对于企业家形象的感觉也必然是刻板、乏味、不近人情的。通篇严肃的谈话无论在报刊上还是广播电视中，其传播效果都很有限。相反，如果不时地穿插一些带有趣味性的东西轻松一下，传播效果往往会更好。

例如，一个企业家在回答一位女记者所提问题时说："这位小姐是四川人吧，提的问题都很棘手。"全场大笑。那位小姐也很高兴，因为说她提的问题棘手，无异于说她的问题问到了点子上。

接着，这位企业家说："棘手是棘手，可是我不得不回答，不回答对不起朋友。大家都等了我半天了，结果只看到我含含糊糊地说半句话，未免扫兴。现在，我就将这件事情的来龙去脉详细地讲给大家听。"

在这里，这位企业家便通过幽默的话语顺利实现了与记者的沟通，取得了较好的效果。

可见，管理者在与媒介打交道时，庄重严肃是一个方面，同时也应能恰到好处地使用一些幽默风趣的语句，活跃一下谈话氛围，这样不仅有利于改变管理者高高在上、僵硬死板的形象，而且能起到意想不到的作用，增强宣传效果。

第四章
管理者要有优秀的语言表达能力

现代社会处在一个高速发展的信息时代,信息缩短了人际距离,使人和人之间的交流与合作日益增多,同时竞争也日益加剧,从而使口才显得愈加重要。作为一个企业的管理者,肩负着引领企业生存和发展的使命,需要面对多层次、多角度的人际关系网络,因此管理者必须具备优秀的语言表达能力,善于驾驭自己的口才,这样才能在工作中左右逢源,大显身手,肩负起领导重任。

01

口才是管理工作的关键

美国人类行为研究者汤姆士指出:"说话的能力是成名的捷径。它能使人显赫,鹤立鸡群。能言善辩的人,往往使人尊敬,受人爱戴,得人拥护。它使一个人的才学得到充分拓展,熠熠生辉,事半功倍,业绩卓著。"他甚至断言:"发生在成功人物身上的奇迹,一半是由口才创造的。"

管理者要实现有效的、成功的管理,必须充分利用好领导环境,导之于言而施之于行，最大限度地引导和调动被管理者朝着既定的目标共同努力。而要引导和调动别人，成功的沟通和富有感染力的语言是重要的手段。口才训练大师卡耐基强调：一个人的成功，只有15%归功于他的专业知识，还有85%归功于他表达思想、领导他人及唤起他人热情的能力，即其驾驭语言的口语表达能力。

管理者作为一个组织发展的引导者、指导者，一切具体工作最终都要通过其语言来完成。主持会议、布置工作、接待来访、社交活动、发表演说等，都离不开口才。而且口语表达能力的高低，将直接影响这些活动效果的好坏。因此，讲话水平是衡量一位管理者素质和能力，或者说在社会地位和成就上能有多大潜力的重要标准，是事业成功的重要因素之一。

口才直接体现管理者的政治理论水平、组织协调能力和人格品质魅力。只有具备较高思想水平和政策水平的管理者，才能在讲话时高屋建瓴，从全局和事物发展的大势上把握问题、思考问题和解决问题；只有具备较高的文化素养和口语表达能力的管理者，才能在讲话时思路清晰、有理有据、通俗易懂，才能抓住听众、吸引听众、打动听众、说服听众，从而实现讲话的目的。如果讲话时费话连篇、形式呆板、语调沉闷、拖泥带水甚至主观武断，肯定不会给听众留下好的印象，而且势必会严重影响发言者在听众心目中的形象。

02 让自信推动说话能力

有人曾做过调查，想搞清楚人们进行口才训练的原因和内心愿望是什么，调查的结果竟惊人地一致。大多数人的内心愿望与基本需要是一样的，他们是这样回答的："当人们要我站起来讲话时，我觉得很不自在、很害怕，不能清晰地思考，不能集中精力，不知道自己要说的是什么。所以我的最大愿望就是可以在公众面前自信、泰然地发表自己的观点，且逻辑清晰、内涵丰富、让人折服。"

有强烈自信心的人，一般来说是能言善辩的人；能言善辩的人，一般来说又都具有强烈的自信心。

自信可以促进说话能力的提高，说话能力的提高又可以进一步增强自信，两者是互相作用的。

自信是提高说话能力的推动力，是事业成功最重要的力量之一。说话是自信能力的外在表现，是提高自信最有效的方法之一。

林肯说："不论人们如何仇视我，只要他们肯给我一个略说几句的机会，我就可以把他们说服。"这是何等的自信！

我们不妨从别人的经验开始我们的信心训练。

卡耐基是一位享誉全球的当众讲话训练大师，他在一生中所收到的感谢信不计其数。他的学生遍布各行各业，三教九流都有。这些人都感到需要自信，需要有在公开场合中表达自己的能力，好让别人接纳自己的意见。

他们在达到目的之后，就满怀感激地给卡耐基写信，以示谢意。

看一看成功的范例，或许我们可以从感性上认识到获得出色的当众讲话能力并非什么很难的事情，他们的经验可以让我们"从战略上藐视敌人"。

有一位叫彼得森的医生是位热心的棒球迷，经常去看球员们练球。不久，他就和球员成为好朋友，并被邀请参加一次为球队举行的宴会。

侍者送上咖啡与糖果之后，几位著名的宾客被请上台"说几句话"。突然，在事先没有告知的情况下，宴会主持人宣布："今晚有一位医学界的朋友在座，让我们特别邀请彼得森大夫上来给我们谈谈棒球队员的健康问题。"

对于一位已从医30余年、有丰富卫生保健知识的人来说，按说应对这类问题是小菜一碟。他可以坐在椅子里向围坐在两旁的人侃侃谈论谈一整晚，但是要他当众讲这个问题，那却是另外一个问题了。这个问题令他不知所措、心跳加速。他之前从未做过演讲，而他脑海中的记忆现在全飞到爪哇国去了。

宴会上的人全在鼓掌，大家都望着他，他摇摇头，表示谢绝。但他这样做反而引来了更热烈的掌声，大家纷纷要求他上台演讲。"彼得森大夫！请讲！请讲！"的呼声愈来愈大，也更坚决。

他的心情非常矛盾，他知道如果自己站起来演讲一定会失败，他将无法讲出完整的五六个句子。因此，他站起身来，一句话也没说，转身背对着他的朋友们默默地走了出去，深感难堪，更觉得是莫大的耻辱。

他不愿再度陷入脸红及哑口无言的困境了，于是开始进行当众讲话训练。他极为迫切地希望拥有演讲的能力，因而开始锲而不舍地练习当众讲话的能力和信心。

通过努力练习，他进步神速，紧张的情绪消失了，自信心愈来愈强。两个月后，他甚至开始接受邀请，前往各地演讲。他现在很喜欢演讲的感觉以及所获得的荣誉感，更喜欢通过演讲结交到更多的朋友。

一次，一个公司的董事长找到卡耐基。他对卡耐基说："我这一生每逢要说话时都很紧张，但身为董事长又不能不主持开会。董事们个个都已熟悉多年，大家围桌而坐时，我同他们对答如流，一点困难也没有，然而一旦起身说话，我就会紧张得一个字也说不出。这种情形已有多年，我不奢求你的训练有帮助，这个毛病已经根深蒂固了。"卡耐基说："既然你认为我帮不上你的忙，干嘛还要找我？""只为了一个原因，"他答道，"我有一个下属以前内向腼腆，每次见我时都眼观地面，很少说话，但最近每次进办公室，他都显得神采奕奕、信心十足，还主动和我打招呼，甚至有一次开会时竟然当众做了10分钟发言。我惊讶于他的变化，后来才知他是因为参加了当众讲话的训练。"

卡耐基告诉他，只要定期来上课，并按照课程的要求做，不出几星期就会喜欢在听众面前讲话了。这位董事长果然来参加培训，并且进步神速。3个月后，卡耐基邀请他参加阿斯特饭店舞厅里的3000人聚会，并谈谈自己在训练中所获得的收益。为了以自己的故事激励更多的人去除讲话的恐惧，他推掉了其他约会，如约在聚会上发言。卡耐基让他讲两分钟就行，结果对着3000人，他足足讲了10多分钟。

类似的奇迹还有很多，许多人因此而改变了自己的命运，其中还有很多在岗位上获得了远远超过自己所希望的擢升，在事业上和社会上获得了显赫的地位。也正因如此，我们可以肯定地说，在正确的时刻，一场演说就足以使你大获成功。

03

最易打动人心的几种语言风格

身为一名企业的管理者，要懂得察其言，观其色，知其人。言就是指说话。语言风格能够充分展示说话者的内心世界、性格、修养、文化、经验、经历甚至是人品。"三句话不离本行"，这不仅仅是说"职业病"，从某种意义上也与说话的风格有关。语言风格是领导风格的一面无形的旗帜，也是领导风格的一面镜子。

我们了解一个人，往往是通过他的言行举止几个方面，言排在首位。管理者想要培养卓越的口才，首先就应从培养语言风格入手。语言风格大致有以下内容：

1. 幽默

幽默是一个人整体素质的重要组成部分，是既受之于天又谋自于心的特有秉性，它是生活中不可缺少的调味品、润滑剂。有了它便能冰释误会，和缓气氛，减轻焦躁，缓冲紧张；有了它便能使陌路人相识，孤独者合群，戒备者松懈，对立者为友。

幽默的语言风格，实属说话的最高层次，它是说话者睿智的表现，是人人都追求的一种"时尚流行"的语言风格。

幽默是一种和谐、轻松、愉悦的语言风格，会让听众舒心愉快，在彼此的微笑间领会、感悟以至接受你的思想。它不仅用词轻松活泼，节奏明快流畅，而且富含深刻的哲理和深邃的思想内涵，使语言听起来舒心，说起来悦心，有时也故意"颠三倒四"，但实际是为了达到增添情趣的目的，在谈笑之间就完成了语言的交际任务。纵然是沉重抑郁的话题，幽默也会使其变得轻松自然，令人愿意听，也乐意接受。

幽默是要以丰富的内涵和人格魅力做支撑的。它有别于笑话，让人立刻就笑的语言叫笑话，让人再三咀嚼且恍然大悟后才笑的语言是幽默。幽默把笑声雕在灵魂深处，因为它是睿智之花的绽放。

幽默让人三分钟之后才笑，笑过之后可能是流泪、感叹；而笑话让人三秒后就笑，三分钟之后就淡忘了，再想起时，已经没有可笑的价值了。因此说，幽默是一种语言风格，而笑话则可能破坏这种风格！

幽默的语言风格，是交际之中的润滑油，能减少谈话阻力；是交际中的缓和剂，可化干戈为玉帛，让矛盾双方都从尴尬中突围。

幽默的语言不仅仅是说话，更是一场智慧和学识的同台演出，没有这两者，是不会幽默的。

不会幽默，就不要刻意追求这种语言风格，它是一种"自然天成"的东西，是需要知识、学识等达到一定累积量才可能形成的。

被誉为"幸运之星"的美国前总统里根上台后，打算选择国会议员戴维·A．斯托克曼担任联邦政府的管理与预算局局长，但是斯托克曼曾多次在公开辩论中抨击里根的经济政策。怎样才能打破僵局呢？里根给斯托克曼打了个电话："戴维，自从你在那几次辩论中抨击我以后，我一直在设法找你算账，现在这个办法找到了，我要派你去管理与预算局工作。"一个幽默的电话不但打破了僵局，而且起到了化干戈为玉帛的功效。由此可见，善谈者必幽默，幽默者必健谈。在交际中，要适当地抓住机会，恰如其分地幽他一默。

2. 含蓄

含蓄也是一种相当好的语言风格。含蓄又称委婉，是一种"曲径通幽"

的说话方式。

用委婉曲折的方式表达一种意思，而不直接说出来，在交际中会达到另外一种微妙的效果。

含蓄的语言风格，会让说话者和听话者适时避开尴尬和伤害。它可以辅以相应的神态和动作等，达到"意会"的目的。

但含蓄不是万能的说话技巧和策略，必须注意时间、地点、人物，否则会让听众误解或不能真正理解。它适用于青年男女恋爱、批评指责对方过失、提出难以直言的问题或意见，以及面对无法正面回答的刁钻古怪的问题等。

用含蓄的方式说话，可以避开易于激化的矛盾，也可以避免伤害或损坏对方和自己的形象，其作用是既维护对方尊严，又树立自我形象。

培根说："交谈时的含蓄和得体，比口若悬河更可贵。"含蓄可以在特殊的场合表达特殊的含义，这一点应该引起管理者的重视。

3. 大度

说话大度是一个人内在气质的表现，是增强说话魅力的途径。不论是外交官那彬彬有礼的谈吐，还是政治家那稳重雄健的言论，人们都仰慕不已、倾心无比。正如德国戏剧家莱辛所说："大度是美的特殊再现形式。"孔子说："文质彬彬，然后君子。"说话洋洋洒洒、侃侃而谈是大度，只言片语、适时而发也是大度；谈笑风生、神采飞扬是大度，温文尔雅、含而不露也是大度；解疑答难、沉吟再三是大度，话题飞转、应对如流也是大度；轻声慢语、彬彬有礼是大度，慷慨陈词、英风豪气也是大度。

说话大度体现的是胸襟的大度。郭沫若就是一个大度之人。他虽与鲁迅之间"曾用笔墨相讥"，但他在鲁迅逝世后，没有趁"公已无言"时前来讨伐，而是挺身站出来捍卫鲁迅精神，同时对以前"偶尔闹孩子气和拌嘴"还"深深地自责"。他诚恳地表示："鲁迅先生生前骂了我一辈子，先生死后，我却要恭维他一辈子。"其情多么可敬，其辞多么可感。

狄仁杰也是大度之人，他是武则天当政时的宰相，曾当过豫州刺史，办事公平，执法严明。有一天，武则天对狄仁杰说："听说你在豫州的时候，名声很好，政绩突出，但也有人揭你的短，你想知道是谁吗？"狄仁杰答道："人家说我的不好，如果确是我的过错，我愿意改正。如果陛下已经弄清楚不是我的过错，这是我的幸运。至于是谁在背后说我的不是，我不想知道，因为这样大家可以相处得更好些。"武则天听了，觉得狄仁杰气量大、胸襟宽、为人大度，更加赏识他、敬重他，尊称他为"国老"，还赠给他紫袍色带，并亲自在袍上绣了12个金字，以表彰他的功绩。

4. 庄重

庄重是指端庄、稳重、文雅、不轻浮。庄重之人在用语时是相当考究的，有时会达到字斟句酌的地步。这样的人尽量不用方言、俚语，如果要用，也会三思而后用，慎而又慎；不用不规范字词，慎用口语；用词力求精准、简洁、明了，能准确地表达其思想意图。

庄重的语言风格一般用于比较庄重的场合，它是报告、讲话、外交辞令、祝酒词、欢迎词、祝寿、服务用语等的常用风格，会给听话者一种庄严神圣的感觉。庄重的语言风格不适合平常的说话，否则会有一种凝重不和谐的感觉。

庄重的语言风格还表现在手势、体态、表情上，因为它们也属于一种特殊的语言。这种语言风格可以充分展示高雅严谨、文明大方、庄严自尊、不卑不亢的性格魅力，给人留下深刻持久的印象。

5. 平实

人们在平时说话时一般使用的是平实的风格，其在说话中占主导地位，是基本的格调。平实的语言风格会创造一种平和愉快的说话氛围，给人一种和谐亲切的感受。

尤其是身份、地位比听话者高的说话者，一定要平实，即平易近人、谦虚、朴实，这样谈话才会在和谐的气氛中进行下去。

平实的语言可以称之为天然语言，它是不加雕琢、不做刻意修饰的。它如同明快的河流，没有矫揉造作之嫌，无故弄玄虚、装腔作势之疑，三言两语就能把自己的意思表达清楚。

平实的语言最重要的是要言之有物、简洁明了、朴素明快。英国大戏剧学家莎士比亚说："简语是智慧的灵魂，冗长是肤浅的装饰。"然而语言要真正达到平实，也不是一件容易的事，需要不断地练习、提炼。

04 演讲中的口才能力

生活中我们常常遇到这样的人，他们平时心理素质非常好、很能说，经常被认为是口才很好的人，可是在大众场合却往往不能很好地表达自己的想法。为什么会出现这种情况？演讲口才到底有什么要求？

口语能力不仅仅是指能说会道，它是一个人的智能和语言组织能力的综合体，是通过言语形式表现出来的综合能力，按照从高到低的级别可以分为描述能力、表达能力、议论能力、辩驳能力、幽默能力。

描述能力是对自己所见、所历之事能够进行大体客观的描绘和描述，使听者较为清晰完整地了解所言内容。

表达能力是将自己的意见、办法、方案、设想、情感、思想和内心感受陈述出来，使听者接受或受感染。

议论能力是对事物、事情和事件做价值和意义方面的评论，且能讲得头头是道、令人折服。

辩驳能力是在一个大前提或几项基本原则的基础上同时既做论证又做反驳性的发言，使对手无法坚持或干脆放弃原先持有的立场和观点。

幽默能力是以轻松、愉快的话语令听者开心，营造宽松气氛的能力。

演讲口才与这些能力并非截然相异。五种口语能力是演讲口才的基础，按演讲要求稍加规范就能够顺利地转化为演讲口才。可是现实中的情况常常是这样的，台下的各种口语能力一到台上就受到抑制，感到有些力不从心。这说明，有这五种口语能力的人固然有了良好的演讲基础，但在一般情况下，这几种口语能力并不直接就是演讲口才，仅仅拥有它们，未必就能做好一场演讲。所谓演讲口才，是指这几种能力按演讲要求得到优化的口语才能。

05

面对媒体时的言语沟通

交谈是人们传递信息和情感，增进彼此了解和友谊的一种方式，但要在交谈中把话说好却不是轻而易举的事情。要使交谈起到应有作用，作为一名管理者，必须培养和提高自己的交谈技巧。

与人谈话最困难的是话题的选择。一般人尤其是陌生人在交际场所中，第一句交谈是最不容易的。因为你不熟悉对方，不知道他的性格、嗜好和品性，又受时间的限制，不容多做了解或考虑，而又不宜冒昧地提出特殊话题。这时就地取材，即按照当时的环境选取话题，似乎比较简单适用。身为管理者，在面对媒体的时候既有言语沟通又有非言语沟通，诚然言语沟通对于媒体采访是十分重要的一部分，但是非言语沟通对于树立自己和企业的形象也是必不可少的，因此只有把言语和非言语沟通协调统一，你才能展现给媒体和大众一个最完美的形象。

面对媒体时，应尽量让自己轻松、自然，就像一对一交谈时那样。同时不要认为自己是在面对一大堆"没有感觉"的受众，语言要有力量、充满热情、保持友好、注意礼貌，但语调要坚定、果断。

1. 语句要简洁

注意言语中不要出现"呃""啊""哦"以及其他重复性的言语障碍，最好能够在每个词之间都保持一定间歇。

2. 控制语速

如果语速太快，受众就会产生一种挫折感，他们会感觉你很匆忙或者内心充满犹疑，所以在采访过程中一定要随时调整语速，从而使讲话更加清晰。

3. 声调要富有变化

通过强调每句话中的关键词，讲话方式会更加富有变化，从而可以使讲话不至于过于单调、沉闷。

4. 不时加以停顿

在关键词之前或之后停顿一下，这样可以突出这些关键词，并且会让人感觉你在思考。

5. 尽量简单、直接

清晰、平白的语言对于理解是至关重要的。不要使用专业术语、"官腔"或高度技术化的词语，也不要用冗长的句子，那样只会让受众感到厌烦。

6. 要有力量

观众或听众最终记住的是你在说话时所表现出来的力量，因此千万不要让你的声音变得越来越小。

7. 口齿清晰

张开嘴巴，清楚地说出每一个字，不要含糊不清。

8. 语调和态度

谈话时表情要自然，语气亲切，表达得体，用语礼貌。同时可适当做些手势，但动作不要过大，更不要手舞足蹈。应尽量让受众感觉你：谦虚、理性、开放、放松、友好、积极、自信。不要让人感觉你：自满、狂妄、充满敌意、充满防御心理、过于紧张、消极、很难取悦。

06

态势语言的魅力

语言表达除了有声语言外，还有辅助语言，就是态势语言。凡是通过手势、姿态、眼色和面部表情来进行信息传递、思想沟通、感情交流的方式，统统称为态势语言。态势语言虽不是由口部发出的语言，却能够起到极大的辅助作用。

作为一名管理者，要实施自己的管理行为，准确、有效地表达自己的意向和感情，就必须调动各种手段，其中就包括态势语言。客观需要使管理者的态势语言应运而生，并不断发展和完善。当然，由于社会规范、工作环境和任务需要、心理因素各异，对于管理者来说，其态势语言在流露、表述的层次、程度、方式和姿势上也会各不相同，甚至截然相反。态势语言的这种无常态性，要求管理者必须善于学习，不断体会，以便用及时、准确的态势语言去实施管理活动。

就像我们常说的"我看见你就知道你要说什么"，这就是利用态势语言传播信息。

态势语言的内涵主要表现在如下几个方面：

1. 它是人类语言的精华

在领导信息表达中所占比率较高的态势语言历史悠久、源远流长，是一种最古老、最原始的交际方式，是人类思维及其表现形式——语言的长期积淀物，是人类语言的精华。罗曼·罗兰曾经说过："面部表情是多少世纪培养成功的语言，是比嘴里讲的更复杂千百倍的语言。"

大量事实说明，在语言艺术中，态势语言艺术具有重要地位。管理者态势语言艺术的高低，往往在一定程度上决定着管理者水平的高低，决定着管理活动能否有效。

管理活动在某种意义上，可以说是一个以协调、组织为主要内容的信息表达过程，在这一过程中，有目的、有意识地引进态势语言，对于提高管理者的信息表达水平一定会起到重要作用。

2. 它是形成最佳"第一印象"的关键

心理学家雪莱·蔡根曾做过这样一个十分有趣的试验：他在莫萨立特大学挑选了68个自愿参加的实验者，这些应试者如果从口才、外貌和对事物的理解能力和判断力方面来看，可以说是相差无几，但是风度仪表方面却存有明显差异。根据事先的安排，这68名应试者分别征求4位素不相识的过路人的意见，希望得到他们的支持。结果，风度翩翩者稳操胜券，仪态平平者屈居人后。这个实验告诉我们，态势语言艺术是多么的重要。

管理者由于身居高层，同下属接触的时间短暂，因而其"第一印象"的形成就更需要态势语言的参与。"第一印象"好，人们日后对其语言、行为往往就容易向好的方面推理，有利于其为自己树立良好的形象和威信；

相反，态势语言拙劣，给人们的"第一印象"很糟，以后再想扭转这种不良印象，其难度就要大许多倍。

因此，作为一名管理者，必须十分重视态势语言艺术的修养。

3. 它是传达和联络感情的"信使"

在人类社会中，人们之间不能没有感情的联络和沟通，管理者和被管理者之间也是如此。如果他们之间用硬邦邦、冷冰冰的原则来维持，而没有动人心弦的感情参与的话，其合作效果是可想而知的。

管理者与下属沟通的手段有许多，其中之一就是态势语言。管理者在与下属的交往中，可以运用适度而恰当的态势语言，向下级输出思想和感情信息，及时地将自己的信息和工作意向传达给下属。管理者是居于统领地位的人，这种地位决定了他有许多事情既不好用口语形式表达，又不好用文字形式表达，而只能用态势语言去表达。用态势语言来进行艺术化的表达，既能达到预定目的，又可以避免和消除口语或文字表达所带来的副作用。

4. 它是扶持有声语言的"绿叶"

一般说来，态势语言可以单独进行，而有声语言是不能单独进行的，因为没有态势语言参与的声音语言是不存在的。例如，一个人在讲话时，不可能只是声音起作用，必然要有表情、语气等，这就产生了态势语言，只不过这种态势语言的表达有水平高低之分罢了。俗话说，"好花还要绿叶扶"，如果说有声语言是红花，那么态势语言就是绿叶，有声语言只有加上态势语言的辅助，你的语言才能声、色、姿、情俱佳，发挥出巨大作用。

总而言之，态势语言对于一个人印象的形成和威信的塑造是十分重要的。

07

维护自己威信的语言艺术

管理者在下属中的威信是由自己的言行树立起来的。与下属谈话不同于朋友之间聊天，如果一位上级与下属谈了一小时的话都没有说出一句有决策感的话，那么这场交谈就是无效的。

一个没有主见、被人左右的管理者无法得到下属的尊敬与服从，所以其必须维护自己的威信。好的管理者在与下属交谈时，应摆出兼收并蓄、取长补短、互相切磋、求同存异的姿态。碰到情况不要忙于下结论，忙于批驳对方，而是以姿态低调但主导性很强的话说出自己的看法，比如："你的意见还是不错的，但是如果换一个角度看，比如……""我的想法和你不同，我们交换一下意见好吗？""嗯，让我考虑一下，我们可以明天再谈这个问题。"

这样的话语不失威严，而且易于被部下接受。

管理者的威信可以在平时的说话中得以体现，对于自己权限范围内可以决定的事，要当机立断，明确拍板。比如车间工人上班经常迟到早退，不听调配，对于这种违反纪律的行为就应果断做出"停止工作，待岗留用"之类的决定。如果下属向上级请示某会议的布置及议程，上级认为没有问题，就可以用鼓励的委婉的语调表达："知道了，你看着办就行了。"这种表述既给了下属支持与鼓励，也给了下属行动的权力。

在与下属谈话时，应该让下属充分地把意见、态度表明，然后再发表自己的意见。让下属先谈，这时主动权在上级一边，其可以从下属的汇报中选择弱点追问下去，以帮助对方认识问题，再谈自己的看法，这样易于让对方接受。让下属先讲，自己思考问题，最后决断，后发制人，这样更有利于表现上级的说话水平。

除了讲话者本人的身份以外，讲话的方式也十分重要。管理者说话就要像个管理者，一个会说话的管理者不用出示名片，完全可以通过自己的说话方式告诉别人自己的身份。

管理者说话首先要言简意赅、长话短说，因为作为领导，完全没有必要事事向下属解释清楚，句子说得简短一些，不仅说起来轻松，听起来省力，吸引力也强。

管理者一定要最后出场讲话，这能显出所说的话的重要性。中国人是最具有"重点置之于后"的心理因素的，所以管理者不能抢着说话，越是最后说话越体现出权威。

管理者要学会用幽默的风格讲话。幽默的话既易于记忆，又能给人以深刻印象，尤其是在工作场合，一般不适宜开玩笑，但是如果管理者能够恰当地开几句玩笑，恰恰说明了他的特殊地位。

管理者说话一定要有条理，要吐字清晰，语速适当，语气坚定而自信。说话时要注视着对方的眼睛，这样能显示自己是充满自信和颇有能力的。如果讲话时眼睛不敢正视对方，下属会觉得这个管理者意志薄弱、容易支配。

在开会时，管理者开口说话前可先等几秒，等大家都望着你时再说。强调时一定要运用手势，不过不可以指着下属的脸晃动手指。讲话要慢而清晰，语句简短，这样等于告诉下属："我有能力控制一切。"

第二篇

慧眼

宁可不识字，不可不识人

管理者识人不能一概而论，孔子虽圣明，但在识人时也发出了"以貌取人，失之子羽；以言取人，失之宰予"的感叹。因此，要想做到谨慎周全、万无一失，就要从多方面去考察、推究。知人者智，自知者明。在社会关系错综复杂、人际交往日益重要的今天，我们更需要具备识人的智慧。观其行，听其言，审其美，品其性，辨其心，这五个方面考察清楚了，识人也就不会出现大的错误。人才是企业最宝贵的资源，企业管理者必须将人才的选拔和培育，特别是重要人才、关键岗位人才的选拔和培育作为企业管理的重要内容来落实，建立一支优秀的人才队伍。

第一章
观其行：行为反映一个人的心理状态

一个人在特定的思想品德、道德情操支配下表现出来的举止和行动，旁人一般都能看得一清二楚。管理者通过察言观色来揣摩对方的行为，可以捕捉其内心活动的蛛丝马迹，探索引发这些行为的心理因素。

01

从身体姿势识人

不同的姿势能够传达出不同的信息，它能表达积极向上、矜持、庄重、豁达、乐观、自信、尊敬、感兴趣等或与其相反的意思。为了更好地识人，上级在实际工作中应该具有丰富的非语言传播知识，即熟悉身体姿势所表达的信息。掌握这些知识，洞察对方的心理状态，对于开展管理工作将有很大帮助。

1. 站姿

人站立时的标准姿势表现为：抬头，两眼平视前方，嘴唇微闭，面带微笑，下颌微收；放松双肩，稍向下压；挺胸，收腹，立腰；双臂自然下垂于身体两侧，双腿直立，膝和脚后跟靠紧。一个人站立时不良的姿态表现为：身体僵直，板腰；垂肩，腹部鼓起；驼背，脊柱侧凸。此外，缩头探脑、佝偻双肩、双腿弯曲颤抖等，这些站姿都会给人留下不良印象。

无论男性还是女性，站立姿势表现出挺、直、高，那他（她）便具有了基本的美感。就男性来说，站立时身体各主要部位舒展，头不下垂，颈不扭曲，肩不耸，胸不含，背不驼，髋、膝不弯，就算做到了"挺"。站立时脊柱与地面保持垂直，在颈、胸、腰等处保持正常的生理弯曲，颈、腰、背后肌群保持一定紧张度，就做到了"直"。站立时身体重心提高，并且重点放在两腿中间，就做到了"高"。就女性来说，站立时头部微低，显示了温柔之美；挺胸，不仅显得朝气蓬勃，而且让人觉得是个自信的人；腹部微收，臀部放松后突，表示出特有的女性曲线美。

在社交场所和任何人群集合的地方，人们三个一群两个一伙地站着谈话，其站姿各种各样。相对站立，这是两个人谈话时常采用的姿态，其中包括两种含义：一是亲密友好，一是彼此发生争吵。双人八字形站姿，表明欢迎别人加入。多人并肩站姿，说明几个人受到同一约束力。

站立时，对方手臂的姿势也值得琢磨：手臂下垂时，表示他此刻的心理处于松弛状态，心态比较自然；手臂张开时，表示出欢迎和拥抱的姿态；手臂交叉时，既表现一种防卫心理，又具有一定的掩饰作用。即便是颇有声望的政界要人，或声名显赫的人物，在与陌生人打交道时，都会程度不一地采用后一种姿势。用手握臂时，表示一种自制。有的人置身陌生人当中，为了掩饰不安的心情，也会采取这种姿态。手臂上举时，要么表示胜利，要么表示投降，要么表示敬礼、挥手、招手等特定的含义。

2. 坐姿

坐姿会表现出人的深层心理。有些人一坐下来就会跷起二郎腿，这种人性格深沉、不轻易服输。不过，这是男人的情况，女性则稍有不同。女人大胆地跷起二郎腿，表示她对自己的容貌或衣着服饰相当自信，同时也表示其强烈的欲望,这种女人自尊心很强,热衷于做老板。

　　心理学家对一个人坐姿的分析,称为测验心理学。纽约一家医学中心的心理卫生专家经测验认为,坐姿能显露一个人的个性。坐时跷起一条腿:相当自信,个性懒散,不容易幻想,任何私人问题或烦恼都不能使之困扰,信心形之于外。坐时双腿并拢,双脚平放地上:坦率、开放而诚实,具有洁癖和守时的习惯,喜欢有规律的生活,按照时间表行事会觉得比较自在。坐时双腿前伸,双脚在踝部叉起:不希望成为中心人物,有保守的意志,凡事喜欢求取稳定。坐时一只脚盘在另一只脚下:个性独特,喜欢受人注目,有创新力,作风不拘于传统。坐时两膝并拢,两脚分开约一英尺:对周围事物非常敏感,观察细致入微,由于深谙人世,相当体贴别人,也能原谅他人,多愁善感。坐时双脚在膝部交叉,一只脚勾在另一只脚后:惹人喜爱,非常得人缘,个性好静,容易与他人相处,不善夸耀或虚饰。此外,坐下后摸嘴巴者,往往情绪不安,猜疑心颇重;摸膝盖者往往以为将有好事临身,自负之心颇高;摸下巴者是为某件事而烦恼;刚坐下就不断抓头发的人,性子较急,喜欢速战速决,不专一,容易见异思迁;坐下后喜欢由下而上摸额的人,能言善辩,说服力强,但也往往比较有手段。

　　在日常生活中,我们可以从坐的姿势看一个人。对他坐的位置进行标记、分析,可以画出一张人心的"地形图"来。

　　(1)座位的物理距离

　　这种距离的大小,可以表示主观上想侵犯对方身体领域的程度,从而能判断出对方的一些心理想法,了解其想干什么。例如:一对以身相许或卿卿我我的情侣,即使在很宽阔的沙发里,他们也会靠近对方坐下,这当然并不是因为没有足够的空间,而是反映了他们如胶似漆的心态。又如在大学的教室里,如果有人想积极参与讨论,这些学生多数会坐在教室前面的位置上;反之,有些学生不常来上课,他们一定会坐在后头,对于本科目不感兴趣的人,也会选择坐在后面。

（2）座位的方向含义

座位的方向有两方面：一个是坐在对方的正对面或旁边，另一个是坐在背向房间的入口与里面的某处位置。坐在正对面或旁边，其表现的心理状态就不同，面对面坐着有一种距离感，这时两人之间有一张桌子之类的障碍物会感觉比较舒服。另一方面，面对面的坐姿，双方都处于可以观察对方的最佳位置上，很容易产生视线冲突，造成对峙的状态。而坐在侧旁的时候，就没有如此的限制，大多数人采用亲密的距离并肩而坐，彼此朝着同一个方向，注视相同的对象，在这种情况下，很容易产生某种连带感。

一个人在落座时的动作行为、方式也可以透露其当时的心理状态。

在他人面前猛然而坐。很多人都以为这是一种随随便便、不拘小节的行为，其实不然，这个举动恰恰反映出此人心神不宁或有不愿告人的心事，因此以这个动作来掩饰自己的心理。

坐在椅子上摇摆不定，或不断抖动腿部，或用脚尖拍打地面，这说明此人内心焦躁不安、有点不耐烦，或为了摆脱某种紧张感而为之。与你并排而坐的人，如果有意无意地挪动身体，说明他想要与你保持一定距离，可又碍于面子不便挪动。

舒适地深深坐在椅内。人一旦心情轻松，就会深坐在椅子上，同时伸出脚，很悠闲，表示不会立刻站起。深坐的人希望自己居高临下，这种坐姿表示他有着心理优势。身体靠在椅背、两脚伸出的姿势并非一旦发生何事，立即可以起立的姿势，这是认为跟不必过分紧张之人交谈所采取的姿势。

将椅子转过来，跨骑而坐。这种人一般自我意识比较强，总想唯我独尊、称王称霸。这也是一个人或者面临语言威胁，或者对他人的讲话感到厌烦时，想压下别人在谈话中的优势而做出的一种防护行为。

喜欢与别人面对面坐。这类人应该比较好相处，因为他们希望自己能被对方所理解。

斜躺在椅子上。这说明他比坐在他旁边的人更有心理上的优越感，或者处于高于对方的地位。

直挺着腰而坐。这表示对对方的恭顺，也可能表示被对方的言谈所打动，或表示欲向对方表示心理上的优势，这些要视当时情况而定。

浅坐在椅子上。心情紧张的人，则会浅坐在椅子上，同时两腿并拢，长期处于打算随时离开座位的状态。这是一种处于心理劣势的表现，且欠缺精神上的安定感，也是缺少安全感的表现。因此，对于持这种姿势而坐的客人，如果同他谈论要事或托办什么事，还为时过早，因为他还没有定下心来。浅坐的人，坐在位置上常感不安，无意识中会表现出一种服从对方的心理来。在这种人面前，千万不可显得自己太强大、傲慢，因为他们内心会有反抗。相反，你若表现出对他的友好或关心，他一定会在心里喜欢你，愿意与你接近，这就为拓展以后的关系奠定了基础。

3. 步态

人们行走的姿态——步态是千姿百态、变化万端的，比如有消磨时间的散步、无精打采的慢步、大摇大摆的阔步、悠然自得时的信步、节奏均匀的慢跑、风驰电掣的疾奔、老态龙钟的蹒跚、犹豫不决的徘徊、偷偷摸摸的蹑行、摇摇摆摆的跛行、姿态优雅的滑行、兴高采烈的蹦跳、心焦气躁的急走、故作姿态的扭摆、夸张行进的正步等。这些移动身体的步态，每个人在日常生活中都会用到其中的某些部分。

每个人都具有独特的走路姿势，能令熟人一眼就认出来。虽然有一些特征会因身体结构的不同而有所不同，但是步法、跨步的大小和姿势，似乎是会随着情绪而改变的。假如一个人很快乐，他会走得比较快，脚步也轻快；反之，他的双肩会下垂，走起路来好像穿着铅底的鞋子一般。走路快且双臂自在摆动的人，往往有坚定的目标而且准备积极追求；习惯双手半插在口袋中，即使天气暖和时也不例外的人，喜欢挑战且颇具神秘感，通常善于扮演"魔鬼的拥护者"的角色，因为他喜欢贬低别人。

一个自满甚至傲慢的人走路时，他的下巴会抬起，手臂夸张地摆动，腿是僵直的，步伐沉重而迟缓，似在有意加深别人对他的印象。一个人在沮丧时，往往拖着步子将两手插入口袋中，很少抬头注意到自己往何处走。一个人在这种心情下，走到井边，说不定会朝里边望一望，借以转移目标，暂时忘记烦恼。走路时双手叉腰的人，看起来像个短跑者，往往想在最快的时间内跑最短的距离，以达到自己的目标。

无论站姿、坐姿还是步态，其形式是多种多样的。我们要注意观察对方的姿态，并敏锐地理解其含义，明智地采取各种应变措施。

02

破译身体语言的密码

身体语言是一种无声语言，是一种比有声语言更能表现一个人的情感和个性欲望的语言。美国心理学家爱德华·柯尔在其《无声语言》一书中说："无声语言所显示的意义要比有声语言多得多，而且深刻得多。"

人类发出的语言信息，其中无声语言占有较大比例。无声语比有声语内涵更丰富，更具有多变性、多意性和联想性。无声语的符号就像一幅色彩斑斓的图画，人们常说每个男人的心里都有一个林黛玉的形象，每个女人的心里都有一个哈姆莱特的形象，这就是说，每个人在接触艺术符号的时候，都会凭借着自己的人生经验去补充、完善、创造。迄今为止，学者们已发现并记录下了200万种非语言的信息。莫拉宾发现一个信息的传达是由7%的语言和38%的声音以及55%的非语言完成的。戴维斯在《怎样识别形体语言》一文中也得出了相似的结论：信息总效果＝7%文字＋38%声音＋55%面部表情。因此，英国学者莫里思认为："人类从里到外还是'动物性的生物'——是一种以动作、手势、行动来表达和沟通的灵长类动物。"

1. 眼睛的无声语言

眼睛比嘴巴更会说真话。无论一个人心里正在打什么主意，他的眼神都会忠实地告诉你：我在想些什么。

俗话中骂人常说："滴溜溜的眼睛，四处转动；贼溜溜的眼睛，东张西望。"滴溜溜的眼睛，贼溜溜的眼睛，是女人和男人最不好的眼语。滴溜溜，表现了女人的轻浮；贼溜溜，表现了男人的狡诈。当一个女人对男人表示好感的时候，她的眼睛会说出嘴上不能说出的话，那就是睁大她充满活力的眼睛。当一个女人表示拒绝的时候，她就会用愤怒或轻蔑嘲笑的眼神来表示她嘴上不愿说出的情感。当一个女人用从上到下或者从下到上的眼光扫视一个人的时候，表示了她对对方的轻蔑和审视。

在说话进入正题的时候，对方时而移开目光直视远处，这表示他根本不关心你在说什么；当你看到对方灰暗的眼光，就应该想到对方有不顺心的事；而当你和对方交谈时，对方的眼睛突然明亮起来，则表示你的话触动了他的心灵和兴趣；对方瞪着你不放，嘴里却不由自主地说"哎，事到如今，听天由命吧"，这种态度表示他在谎言即将被揭穿时，不由自主地显示出一种故作镇定的姿态。

还有，我们和上司打交道时，通过对其眼睛的观察，能够洞悉其内心：上司从上往下看人，这是一种优越感的表现——好支配人、高傲自负；上司说话时不抬头，不看人，这是一种不良的征兆——轻视下属，认为此人无能；上司久久地盯住下属看——他在等待更多的信息，他对下级的印象尚不完整；上司偶尔往上扫一眼，与下属的目光相遇后又向下看，如果多次这样做，可以肯定上司对这位下属还吃不准；上司友好和坦率地看着下属，或有时对下属眨眨眼，说明下属很有能力、讨他喜欢，甚至工作中出现的错误也可以得到他的原谅；上司目光锐利，似利剑般要把下属看穿，这是一种权力和优越感的显示，同时也在向下属示意：你别想欺骗我，我能看透你的心思；上司向室外凝视着，不时地微微点头，这是个非常糟糕的信号，表示他要下属完全服从他，不管下属说什么、想什么，他充耳不闻。专家们的研究表明，地位较高的人对地位较低的人目光直接接触少，而所有的人看地位较自己高的人次数和时间都较多。

2. 眉毛的无声语言

眉毛的功用虽是保护眼睛，但它还能传递心理行为的信息。人们的心情发生变化，眉毛的形状也会随之改变。眉毛的动作，大致有五种表现。

（1）扬眉

当人的某种冤仇得到伸张时，人们常用"扬眉吐气"一词来形容此时的心情。当眉毛扬起时，会略向外分开，造成眉间皮肤的伸展，使短而垂直的皱纹拉平，同时整个前额的皮肤挤紧向上，造成水平方向的长条皱纹。扬眉这个动作，能扩大视野。但同时也要认识到，一个眉毛高挑的人正是想逃离庸俗世事的人，这通常会认为是自炫高深的傲慢表现，因而被称为"高眉毛"。当一个人双眉上扬时，表示非常欣喜或极度惊讶；单眉上扬时，表示对别人所说的话和做的事不理解、有疑问。当我们面临某种恐惧的事件时，可以用皱眉来保护眼睛，也可以用扬眉来扩大视野，两者都对我们有利，但我们只能选择其一。一般的反应是：面临威胁时，会牺牲扩大视野的好处，皱眉以保护眼睛；危机减弱时，则会牺牲对眼睛的保护，扬眉以看清周围的环境。

（2）皱眉

皱眉的情形包括防护性和侵略性两种。防护性的皱眉只是保护眼睛免受外来的伤害。但是光皱眉还不行，还需将眼睛下面的面颊往上挤，眼睛仍睁开注意外界动静。这种上下挤压的形式，是面临外界攻击、突遇强光照射、强烈情绪反应时典型的退避反应。至于侵略性的皱眉，其基点仍是出于防御，是担心自己侵略性的情绪会激起对方的反击，与自卫有关。真正的侵略性眼光应该是瞪眼直视、毫不皱眉的。最常见的皱眉常被理解为厌烦、反感、不同意等情形。

（3）耸眉

耸眉指眉毛先扬起，停留片刻，然后再下降。耸眉与眉毛闪动的区别就在那片刻的停留。耸眉还经常伴随着嘴角迅速而短暂地往下一撇，脸的其他部位没有任何动作。耸眉所牵动的嘴形是忧伤的，有时它表示的是一种惊讶，有时表示的是一种无可奈何的样子。此外，人们在热烈谈话时，会做一些小动作来强调自己所说的话，当讲到重要处时，也会不断地耸眉。

（4）斜挑

斜挑是两条眉毛中的一条向下降低，一条向上扬起，这种无声语言较多在成年男子脸上看到。眉毛斜挑所传达的信息介于扬眉与皱眉之间，半边脸显得激越，半边脸显得恐惧。扬起的那条眉毛就像提出了一个问号，反映了眉毛斜挑者那种怀疑的心理。

（5）闪动

眉毛闪动，是指眉毛先上扬，然后在瞬间再下降，像流星划过天际，动作敏捷。眉毛闪动的动作是全世界人类通用的表示欢迎的信号，是一种友善的行为。两位久别重逢的老朋友相见的一刹那会出现这种动作，而且会伴随着扬头和微笑，但是在握手、亲吻和拥抱等密切接触的时候很少出现。眉毛闪动除了作为欢迎的信号外，如果出现在对话里，则表示加强语气。每当说话者要强调某一个词语时，眉毛就会很自然地扬起并瞬即落下。

3. 鼻子的无声语言

在谈话中对方的鼻子稍微胀大时，多半表示得意或不满，或情感有所抑制。鼻头冒出汗珠时，表示心理焦躁或紧张。鼻子的颜色整个泛白，显示心情畏缩犹豫。鼻子坚挺的人性格坚强，决定了的事情就一定要做到。摸着鼻子沉思，说明正在思考方法，希望有个权宜之计解决眼前的问题。

4. 头部的无声语言

我们看人，往往第一眼接触到的就是对方的头部。头部略微上抬的男性，显得有精神和力量。头部略低，平视前方的女人，显得温柔文雅。头部的姿态也有许多含义：点头表示赞同或允许，抬头表示感兴趣或有意投入，摇头表示否定或怀疑，垂头则表示厌倦或精神萎靡，头上仰表示惊讶或与远处的人打招呼，交头接耳表示心不在焉，摇头晃脑表示自我陶醉，昂首侧目表示刚毅不屈等。

5. 肩部的无声语言

肩部的动作可以表达攻击、威严、安心、胆怯、防卫等意思。美国的身体语言研究学者鲁温博士分析说，向后缩的肩膀表示因积压的不平、不满而引起的愤怒；耸肩表示不安、恐怖；使劲张开两手的肩膀代表责任感强烈；向前挺出的肩膀代表责任重大引起的精神负担等。然而不论情况怎样，肩部均可视为象征男性尊严的部位。

柔滑、狭小的肩膀则是女性娇媚的表现。第二次世界大战结束后，在"男女平等"口号的带动下，在妇女服装加入垫肩的"美国式时髦"曾经一度流行，但那只是主张男女平等的"坚强女性"最为崇拜的时尚。后来取而代之的反而是强调"女人味"的"法国式时髦"，而这种演变之所以会出现，是因为女性们感到柔滑狭小的肩膀更能展示自己的形态美。就像男人需要宽厚的肩膀显示威武一样，女人也要用她们的肩膀呈现娇柔。男人将大衣或西装上衣搭在肩上走路，这是在下意识之中想体现"男性气概"。这种男人通常不会弯腰驼背、衰弱无力地走路，而是挺胸、迈开大步向前走。

6. 腿部的无声语言

人在恐惧时，双腿往往会不由自主地发抖。罪犯在接受审判时，他的腿首先会暴露他的犯罪心态。

腿部的无声语言，也是女人身体语言中最重要的部分之一。腿部是除了胸部、臀部、腰部以外最重要的性的表现器官。坐在椅子上时，女人如果将大腿裸露过多，表示她很轻浮；坐在椅子上用力抖动，这是一种性的暗示；坐着的时候太高地抬腿，是一种没有修养的表现。

7. 脚部的无声语言

观察脚部的动作，可以知人心绪。谈判时，对方身体坐在椅子前端，脚尖踮起，呈现一种殷切的姿态，这是愿意合作的表示，这时善加利用，双方就可能达成双赢的协议。有些人说话时架起"二郎腿"，这一姿势表示怀疑与防范。如对方坐在椅子上两只脚踝相互交叠，应注意此人是不是正在克制自己。因为人们在克制强烈情绪时，会情不自禁地将脚踝紧紧交叠，在交易场上或其他社交场合中，一个人处在紧张、惶恐的情况下会做出这种姿态。我们对那些坐在椅子上时将一只脚架在椅臂上的人要引起警惕，因为这种人一般缺乏合作诚意，对别人的需求不太在乎，甚至还带有一定的敌意。

03

留心观察六种假动作

托·麦考莱说：衡量一个人真正的为人，要看他在知道永远也不会被人发现的情况下做些什么。

假动作多见于说谎者。在求人与被求者面对面时，被求者有时为了表示拒绝，可能编个谎话来搪塞。当然，求人者并不知道他在说谎，除非谎言当场被揭穿。然而这种情况很少见，大多数人是在事后才知道的。也许说谎者惯于此道，让人信以为真，但是总有一些动作或手势显现出他刚才说了谎话，只是被求者没有留意观察而已。

通常的假动作有：

1. 掩嘴

这是一种明显未成熟、还带孩子气的动作。用拇指触在面颊上，将手遮住嘴的动作称作掩嘴。有时，这种掩嘴的动作可能会表现出不同的形式：用指尖轻轻触摸一下嘴唇，或将手握成拳状，将嘴遮住。也许说谎者在潜意识中并不想说那些骗人的话，因而导致了掩嘴这一动作。也有人假装咳嗽来掩饰其捂嘴的动作，以分散他人的注意力。如果一个同你谈话的人常伴有掩嘴的手势，也许他正在说谎话。可当你讲话时，听者掩着嘴，也许说明听者认为你说的话令他不满意。

2. 触摸鼻子

当一个人说谎后，会有一种不好的想法进入大脑，于是会下意识地用手去遮捂嘴，但是到了最后的关头又害怕别人看出他在说谎，因此只是很快地在鼻子上摸一下，马上就把手放下来。当一个人不是在说谎，那么他触摸鼻子时，一般要用手在鼻子上摩擦一会儿或搔抓一下，而不是只轻轻地触摸一下。

3. 摩擦眼睛

人们在说谎时，会去揉眼睛以避免与人的目光接触。从男人来讲，他揉眼睛较用力，如果是说大谎时，则会转移视线，如用眼睛看着地板。揉眼睛的女人，都是在眼的下方轻轻地揉。这样做一是为了避免动作粗鲁，二是怕弄坏了自己的妆。为了避开对方注视，她们常常眼看着天花板。

4. 拉衣领

当一个人说谎时，会引起敏感的面部和颈部组织的刺痛感，因而就必须用手来揉或搔抓。说谎的人感到对方怀疑他时，脖子似乎都会冒汗，这时就会有意识地拉一拉衣领。

5. 搓耳朵

搓耳朵的变化形式还有拉耳朵。这种手势是小孩子双手掩耳动作在成人动作中的一种重现。搓耳的说谎者还会用手拉耳垂或将整个耳朵朝前弯曲在耳孔上，后一种手势也是听者表示厌烦的标志。

6. 挠脖子

说谎者讲话时会用写字的那只手的食指挠耳垂下方部位。有趣的是，一般要挠上五次左右。

一个说谎者除了以上几种表现外，还有其他一些表现：平时沉默寡言，突然变得口若悬河，不自觉地流露出惊慌的神态，但仍故作镇定；言辞模棱两可，似是而非；答非所问，或夸大其词；故意闪烁其词，口误较多；对你所怀疑的问题过多地辩解，并装出很诚实的样子；精神恍惚不定，目光与你接触较少，强作笑脸；对于你的讲话，点头同意的次数较少。辨认对方的假动作是一项非常重要的技巧，掌握这一技巧，有助于我们识破对方的谎言。

04

从习惯动作识人

心理学家莱恩说："人们日常做出的各种习惯行为实际反映了客观情况与他们的性格间的一种特殊的对应变化关系。"这大概能为我们从日常习惯行为认识人才提供必要的理论根据。

一个人的所思所想和性格特征都能在举手投足、点头微笑中有所暴露，经验丰富的识人高手从一举一动中就能识别人心。下面这些习惯动作是识人高手长期观察积累的识人经验。

1. 手插裤兜者

双脚自然站立，双手插在裤兜里，时不时取出来又插进去，这种人的性格比较谨小慎微，凡事三思而后行。在工作中他们最缺乏灵活性，往往用笨办法来解决很多问题。他们对突如其来的失败或打击心理承受能力差，在逆境中更多地表现为垂头丧气、怨天尤人。

2. 双手后背者

两脚并拢或自然站立，双手背在背后，这种人大多在感情上比较急躁，但他们与人交往时，关系处得比较融洽，其中较大的原因是他们很少对别人说"不"。当过兵的人对双手后背这种习惯动作很熟悉。尽管部队规定在正式场合不许袖手和背手，但还是可以看到，在非正式场合一群新兵聊天的时候，班长突然来了，其往往就是背着手，昂起下巴，在新兵中走来走去。若把老班长这种动作换成语言来表示，就等于他在说："我是老兵，我是班长，你们得听我的。"这是相当自信的姿势。

3. 经常摇头者

这种人经常"摇头"或"点头"，以示自己对某件事情的看法是肯定或否定。他们在社交场合很会表现自己，却时常会遭到别人的厌恶，引起别人的不快。但是，经常摇头或点头的人，自我意识强烈，工作积极，看准了一件事情就会努力去做，不达目的誓不罢休。

4. 吐烟圈者

这种人突出的特点是，与别人谈话时，总是目不转睛地看着对方，支配欲望强，不喜欢受约束，为人比较慷慨，哥们儿义气重，因此他们周围总是围着一群相干和不相干的人。吐烟圈还能看出此人对某个状况是积极的还是消极的态度，那就是看他把烟圈是朝上吐还是朝下吐。一个积极、自信的人多半会把烟向上吐；相反，消极、多疑的人多半会朝下吐。若是朝下吐，而且是由嘴角吐烟时，表示出此人非常消极或诡秘的态度。

5. 拍打头部者

拍打头部这个动作多数时候的意义是表示对某件事情突然有了新的认识，如果说刚才还陷入困境，现在则找到了解决问题的办法。拍打的部位如果是后脑勺，表明这种人敬业，拍打脑部只是为了放松自己。时常拍打前额的人是个直肠子，有什么说什么，不怕得罪人。

6. 拍打掌心者

与人谈话时，只要他动嘴，一定会有一个手部动作，比如相互拍打掌心、摊开双手、摆动手指等，表示对他说话内容的强调。这种人做事果断、雷厉风行、自信心强，习惯于把自己在任何场合都塑造成"领袖"人物，性格大都属于外向型，很有一种男子汉的气概。

7. 双手叉腰者

这种人希望在最短的时间内经过最短的距离以达到自己的目标，他突然爆发的精力常是在其计划下一步决定性行动时，看似沉寂的一段时间内所产生的。这个姿势，就像他用6字代表胜利的符号一样，成为他的特征，即：不飞则已，一飞冲天；不鸣则已，一鸣惊人。

8. 言行不一者

当你给某人递烟或其他食物时，他嘴里说"不用""不要"，手却伸过来接了，显得很客气的样子。这种人比较聪明，爱好广泛，处世圆滑、老练，不轻易得罪别人。

9. 触摸头发者

这种人个性突出，性格鲜明，爱憎分明，尤其嫉恶如仇。他们经常做一些冒险的事情，喜欢挤眉弄眼，爱调侃人。这些人当中有的缺乏内涵修养，但特别会处理人际关系，处事大方并善于捕捉机会。

10. 抖动腿脚者

喜欢用腿或脚尖使整个腿部颤动，有时还用脚尖磕打脚尖或者以脚掌拍打地面者，这种人很能自我欣赏，很少考虑别人，凡事从利己主义出发，尤其是对妻子的占有欲望特别强。然而当朋友有困难时，他会经常给朋友提出一些意想不到的好建议。

11. 手摸颈后者

一个人习惯用手摸颈后时，多是出现了恼恨或懊悔等负面情绪，这个姿势被称为"防卫式的攻击姿态"。在遇到危险时，人们常常不由自主地用手护住脑后，但在防卫式的攻击姿势中，他们的防卫是伪装，结果手没有放到脑后，而是放到了颈后。女人伸手向后，撩起头发，是为了掩饰自己的恼恨情绪，并装作毫不在意的样子。

12. 解开外衣纽扣者

这种人的内心真诚友善，他在陌生人面前表达这种思想时，最直接的动作便是解开外衣的纽扣，甚至脱掉外衣。在商业谈判会议上，当谈判对手脱掉外套时，我们便可以知道双方正在谈论的某种协定有达成的可能，因为不管气温多么高，当一个商人觉得问题尚未解决或尚未达成协议时，他是不会脱掉外套的。那些一会儿解开纽扣，一会儿又系上纽扣的人，则做人较优柔寡断、意志不坚定。

13. 拍案击节者

这有两种情形。一种情形是：谈话时，一个人以手在桌上叩击出单调的节奏，或者用笔杆敲打桌面，同时脚跟在地板上打拍子，或抖动脚，或用脚尖轻拍，这种节奏并不中途停止，而是不断地嗒嗒作响，这些都是在告诉你他已经对你所讲的话感到厌烦了。另一种情形是：一个人在看书、读报、看电视，尤其是看球赛之类的节目时突然拍案击节，表示他对故事情节或运动员的某个动作表示赞赏。这种人性格乐观，对烦恼不记挂于心。

14. 摊开双手者

大部分人想表示真诚与公开的一个姿势，便是摊开双手。意大利人毫无约束地使用这种姿势，若当他们受挫时，便将摊开的手放在胸前，做出"你要我怎么办"的姿态。而当他做了不好的事情，别人提出来时，他会摊开双手，表示自己也没有办法解决，一副无可奈何的样子。演员常常用到这个姿势，他们不只是表现情绪，也能显示出这个角色个性比较开放。

第二章
听其言：语言能表现一个人的交际能力

语言能够充分展示出人的职业、身份、知识水平。我们根据一个人的谈话，能判断出他每天的工作成绩、效率，更能了解他的情绪如何。一个人张口说话，实际上就是在为自己画像。

01

从声音中认识人

人类的声音包含各种要素。声调是很重要的要素之一，大的声音一般表示具有权力，发出很大的声音可以让别人沉默下来。然而，小的声音有时候可能更能发挥效果，这是因为人们会更注意地去倾听。当然，声大声小都需要姿势辅助，效果才会更好。

发声法对音质有很大的影响。若以鼻子产生共鸣，声音如泣如诉，会给人傲慢的印象。但是，如果是以胸腔来产生共鸣的话，发声法亦随之改变，会给人以丰富、强力的感觉。

讲话的速度也影响到与人交流的效果。说话速度太快的人，一方面容易给人好像有某种急事要办或热心投入的印象，另一方面会让对方感觉焦躁、混乱以及些许的粗鲁。说话缓慢的人，虽然给人深思熟虑、诚实可靠的印象，但太慢也会呈现犹豫不决或漫不经心，甚至消极的印象。

无论是在战场上、商场上，还是别的什么"场"上，我们学会从声音识人，都是很重要的。

1. 和声细气者

人们在请求、询问、安慰、陈述意见时常使用和声细气，它可以弘扬男性的文雅大度和女性的阴柔之美。尤其是在抒发情感时，和声细气的运用，更具有一种迷人的魅力。由于语音学中音素、音位的原理和人们说话时用声用气的心理状态及规律的不同，和声细气这种声和气宛如柔和的月光和涓涓的细流，由人的心底流出，轻松自然，和蔼亲切，不紧不慢，能给听者以舒适、安逸、细腻、亲密、友好、温馨的感觉。和声细气地说话的男人，为人必定厚道、宽容、襟怀开阔；和声细气地说话的女人，为人大多温柔、善良、善解人意。

2. 轻声小气者

轻声小气的说话方式表现说话者的尊敬、谦恭、谨慎和文雅，在与别人交谈时，可以缩短人与人之间的感情距离，密切双方的关系。有时，这种方式可使人避免一些可能会招致的麻烦，但在公开坚持意见、反驳别人、维护正义和尊严或表示强调时，轻声小气就不可取了。

3. 高声大气者

高声大气常被人们用来表达召唤、鼓动、说理、强调或激动的心情，可以表现说话者的激情和粗犷豪放的性格。它通常用来表示极度的欢喜或慷慨激昂的情绪。张飞是《三国演义》中群众最喜爱的人物之一，他以粗犷、勇猛、爽直和坚贞的品质深深地吸引着历代的读者。这个人物说话声音响如洪钟，具有浓烈的草莽英雄气质。从其外表也可以看到这一点，他："身长八尺，豹头环眼，燕颔虎须，声若巨雷，势如奔马。"在长坂坡一役，曹操率众军追赶赵云，张飞立马桥头，圆睁环眼，厉声大喝："我乃燕人张翼德也，谁敢与我决一死战！"吼声如雷，吓退了曹军。这段有声有色的传奇故事，凸显了张飞粗犷的草莽英雄气质。

4. 唉声叹气者

这种人心理承受能力弱，自信心不强，缺乏勇气，一旦遭到失败，便灰心丧气、沮丧颓唐乃至一蹶不振。《孔子家语》中记载了这样一段逸事：孔子去齐国的途中听到一阵十分悲哀的哭声，于是对弟子们说："这个哭声虽然很悲伤，但不是悼念死人的哀声。"孔子随后迅速前行，遇到了那个哀哭之人。孔子询问他的名字，得知他叫丘吾子。孔子问道："这里不是悲哀的地方，你为什么哭得这么悲伤呢？"丘吾子长叹一声，回答说："我一生有三大过失，至今年老才深深觉悟到，但追悔莫及，因此痛哭。"孔子不明白其话中的意思，便一再追问，丘吾子才说："我少年时代爱好学习，周游天下，等回来时我的父母都死了，作为一个儿子竟不能为父母养老送终，这是第一大过失。我做齐国臣子多年，齐君现在奢侈骄横，我多次劝谏都不被采纳，这是第二大过失。我生平交友无数，不料到后来都绝交了，这是第三大过失。树欲静而风不止，子欲养而亲不在。去而不回的，是时间；不能再见到的，是父母。我是个大失败者，还有什么脸面活在这个世上？"说完，丘吾子便投水而死。人到了这种悲伤而自杀的地步，他的哀情可想而知。而孔子从声气识别出丘吾子的哭声不是为了死者，而是有其他原因，足见孔子的识人之能。

02

从言谈中鉴识人

语言是思维的工具，所以语言是鉴识别人的重要依据。人的思想及情感会通过语言表达出来。一个人的品格是粗鲁还是优雅，会在粗鲁或优雅的措辞中自然而然地流露出来。生活中多数人谈吐漫无边际，说话不得体，不管别人愿不愿意听，都一味地空谈，最后必然是言多必失。

试看那些善于言谈的人，不仅把生活过得很快乐，而且在工作中发表意见时，往往能说得十分得体，恰到好处。可见，善于运用口才的人，在生活、工作中都能获得很大的成功。

1. 奇思妙语者

这种人机智风趣，谈吐幽默，灵感的火花常常在一词半句中迸发。他们不论走到哪儿，都能带来笑声，带来欢乐。

2. 转守为攻者

这种人心思细密，关键时刻能自我稳住阵脚，应变能力强，攻防之间都能做到随心所欲、任意切换、不拘一格。这种人还有一个令人羡慕的优点，他们从来不做没有把握的事，凡事总是先求不败，再求胜机。

3. 善于倾听者

一个善于静静聆听别人谈话的人，必定是一个富有思想、有缜密见识和品行谦虚柔和的人。这种人在人群中，开始也许不大受人注意，但最后必定是最受敬重的。因为他们虚心，所以为任何人所喜欢；因为他们善思，所以为任何人所信任。

4. 随机应变者

这种人头脑反应迅速，像一台高速运转的电子计算机，在极短的时间内就能正确分析出自己目前处境的优劣，并设法找到为自己开脱的理由来巧妙应变。

5. 妙语反诘者

这种人不仅能说，而且会听，对对方所说的话能够抓住机会提出各种问题加以反击，令对方哑口无言，从而一举赢得论辩的胜利。

6. 说服力强者

这种人是优秀而不可多得的外交型人才。他们对别人的思想、感觉、看法了解得非常清楚，谈别人的事如数家珍，能替人指点迷津，并能把那些与自己不同或相反的意见推倒移开，使谈话照着自己设计的方案和计划向前走，因此这种人总是最后的赢家。我国三国时代的诸葛亮就是一位说服能手。

7. 谈吐幽默者

富有幽默感的人不但能愉快地做事，更能愉快地说话，他们走到哪儿，欢乐就散布到哪儿。这样的人难免有缺点，但由于有情趣，能够给人带来欢笑、快乐，因而人人都愿意与之相处。谈吐幽默的人很少遵从逻辑的法则，相反经常运用奇谈怪论或类似诡辩的手法，使对方如坠云里雾里。打趣话、俏皮话、笑而不谑的话连续不断，使举座为之倾倒。有幽默感的人是感觉敏锐的人，是心理健康的人，是笑颜常开的人，是胸襟豁达的人，也是别人乐意与之交往、与之亲近、与之为友的人。

8. 滑稽搞笑者

这种人总是以一种调侃的方式，随心所欲地对一个问题进行自由自在的解释，硬是将两个毫不沾边的东西联系在一起，以造成一种不和谐、不合情理、出人意料的效果。

9. 旁敲侧击者

这种人和人打交道时善听弦外之音，又会传达言外之意，擅长话里有话、一语双关。

10. 软缠硬磨者

这是一种性格顽强、不达目的誓不罢休的人。为了达到某种目的，他们会采用软缠硬磨法，"友好"地赖着对方的时间，赖着对方的情面，甚至赖着对方的地盘，不答应就是不撤退，不把事情办成就是不回头，搞得对方急不得、恼不得，最后不得不答应他们的要求。

03

从辩论中考察人

通过辩论，领导能判断出一个人才学的高低和真假。管理者如果能制造机会，引发一场争论，让大家唇枪舌剑一番，自己"隔岸观火"，则很容易识别出谁是真正的人才。

有的人在辩论时，总是摆事实，讲道理，事实摆得清清楚楚，道理讲得一条是一条，说得人心服口服。这种人稳健大方，思路清晰，反应灵敏，看问题能抓住本质，而且态度从容，不紧不慢，为人做事有理有利有节，可托付重任。另外一种人，在辩论中说得别人哑口无言，或者说得别人拂袖而去，不愿再跟他辩论。从这个意义上说，他是胜利者，但他是依靠犀利的言辞战胜对方的，会让人感到不舒服。这种人目光尖锐，头脑敏锐，能迅速抓住他人讲话的漏洞而伺机反驳，一张巧舌能把黑说成白、把错说成对，尽管对方知他无理，却在一时之间找不出确切的话语来驳倒他。他们是业务、外交、法律界的好手，但要注意轻浮不稳的毛病，当心聪明反被聪明误。

有的人与人交谈时，如果大家见解一致，就如溪水流向大河，彼此和谐融洽；如果意见相反，争了几句就会离开，或者彼此模棱两可，谈得不冷不热，渐渐地因尴尬而止，这是不善与人交谈的人。这种人说话被动，别人问一句答一句，但当说到他感兴趣的话题时，立刻就像换了一个人似的，侃侃而谈，妙语连珠，甚至会激动起来，仿佛于寂寞山中遇到知音。这种人对生活有激情，苦苦钻研自己的兴趣所在，会成为某一领域的专家。他们不喜欢热闹的地方，而爱清静自处，生活欲望也比较少，适合于搞研究工作。

和不善交谈的人相反的是善于交谈的人。这种人当发现对方听不进自己说的话时，会立刻转换话题，或采用迂回战术，先说些对方爱听的话，找到对方感兴趣的话题，取得对方的赞同后，再逐渐回到刚才的话题上来。这种人容易博得大家的好感，而且意志坚定、善于思考、敢说敢做、坚韧不拔。他们用心智做事，会察言观色，适合担任社会职务。

辩论在于求理，辩论高手往往具备八种技能，他们的耳朵能听懂对方的意思，思想能创造新理论，眼睛能看到未来的机会，言辞能表达自己的思想，行动能纠正自己的过失，防守能抵挡对方的进攻，进攻能打破对方的防守，找出对方的矛盾而攻击，令对方的观点自相矛盾，最后投降。

言为心声，从辩论的技巧中，可以看出各种不同才能的人，管理者还须耐下性子，慢慢观察，才能有所收获。

04

不要被假象所迷惑

莎士比亚说过：判断人，绝不是光凭眼睛，光用耳朵，还要经过深思熟虑，并不轻信所见所闻。

人世间有不少假象存在，人身上也有许多似是而非的东西，这些似是而非的东西经由嘴里说出来，初听好像是优点，实际可能是致命的缺点。管理者不应被假象所迷惑，要透过现象去认识本质，才能发现和用好具有真才实学之人，而不会上当受骗。

1. 滥竽充数者

这种人以南郭先生为典型，一切只求太平无事，且胆小怕事、遇事就躲。在一个团队里，多他不会增加力量，少他也不会缺点什么。这种人若无其他野心，倒也无大碍，因为他混在队伍里只是想求个温饱，否则不如趁早炒他鱿鱼，或疏远为妙。

2. 吹毛求疵者

这种人总是故意挑剔毛病，硬找差错，没有问题时也想弄出些问题。他们有时伪装成对工作事业认真负责的样子，有时又换上一副蛮不讲理的嘴脸，或自以为聪明透顶，或傲慢无知。不管属于其中的哪一种表现，吹毛求疵者的心理是同样的——不愿与人为善。当一个人处处都这么做的时候，他决不是冲着真理、正确原则而来的，只是以此为口实和把柄来达到自己不可告人的目的。

3. 花言巧语者

常言道:"虚浮不实的话语缺少仁爱。"英国谚语也说:"诚实的话语常常不华丽雕琢;华丽雕琢的话语常常不诚实。"像这类描写"花言巧语"的说法还有很多。花言巧语听起来十分顺耳,爱花言巧语的人总是以自己的利益为出发点去奉承别人,在别人被冲昏了头脑之际,自己的私欲也得到了满足。不仅如此,花言巧语中往往隐藏着陷阱———一口鲜花覆盖的陷阱,受害人经常是到了井底才会发现。这正像一首歌中所唱到的:"你把我骗到井底下,你割断绳索就走啦。"

4. 避实就虚者

这种人似花非花,似雾非雾,给人捉摸不透、似有还无之感。表面看来,这种人为了生活,会用一点知识武装门面,但真正到了"丑媳妇见公婆"之时,他又会使伎俩,采用避实就虚的手段搪塞过去。这种人做个助理人员尚无大碍,但还是小心为妙,否则他很可能会悄悄地捅出一个无法弥补的大娄子来。

5. 好讲空话者

爱说空话的人,当他的话不能兑现的时候,为了维护自己的"尊严",便会编出一些假话来搪塞,这样就常常使自己陷入失败的泥潭而不自知。王衍清谈误国,赵括纸上谈兵,就是好讲空话者的典型事例,他们最后都落了个身败名裂、祸国殃民的下场。

6. 鹦鹉学舌者

这种人善于吸收别人思想中的精华,自己其实没有什么独到的见解,而只是将别人的思想嫁接到自己的口中,在众人面前宣讲,给人造成"这个人还真行"的错觉。鹦鹉学舌的性质说严重一点就是抄袭剽窃,这种人不会成为真正的行家,在演说方面不会成为真正的演说家。不过,这种人模仿能力强，有时候还是能派上用场的，可以酌情加以利用。

7. 华而不实者

这种人说起话来滔滔不绝、头头是道、口若悬河。开始和他接触时，容易对他产生好感，但接触时间长了之后，这种人"金玉其外，败絮其中"的本性便会暴露无遗。遇到这种人，要细心观察，不能被其表面现象所迷惑。

公元前 622 年，晋襄公手下有个大臣叫阳处父，他平时喜欢高谈阔论，好自以为是地教训他人。有一次，他奉襄公之命去卫国访问，回来的时候路过鲁国的宁城，宁城有个叫宁嬴的人陪他同行。可是，刚走了几天，宁嬴离开阳处父独自回家来了。宁嬴的妻子很纳闷，便问他为什么这么快就回来了。宁嬴回答："我虽然同阳处父相处只有几天，但我发现他这个人好像是棵花开得好看，可就是不结果子的树。"宁嬴叹了口气，颇为感慨地继续说："华而不实，怨之所聚也。"这后一句话的意思是说：你想想看，像这样华而不实的人，别人定然都会怨恨他，积怨多了，我再跟着他，不仅不能得到好处，反而会受到连累的。所以，我就赶早回来了。果然，一年以后，阳处父因没有真本事而被人杀了。

8. 常发牢骚者

牢骚是人在受到挫折时的一种抑郁不平的精神性宣泄。适当地发些牢骚，具有一定的积极意义，它是一种比较原始的"保护性措施"。但一个人经常发牢骚就意味着他的社会适应能力低下，是一个无能的人，是一个只考虑个人得失的、喜欢斤斤计较的人。经常发牢骚的人不仅不会获得社会的同情，反而会使其本人的层次更低，因为人们并不喜欢将发牢骚作为社交的主要形式。

9. 絮絮叨叨者

这种人脑子天生糊涂，说话抓不住要领，看问题看不到本质，一谈及问题，总觉得什么都有理，什么都联系得上，什么都想说个明白，于是不管他人是不是接受，能不能接受，不分先后次序、轻重缓急地将想说的统统都说出来，一直说到他人不耐烦为止。碰到这种人，最好的办法是转移话题，或者闭目养神，或者做自己的事，免得浪费时间。

第三章
审其美：形象决定一个人的未来成就

识人以貌取人固然有失偏颇，但换个角度看，也不无道理。社交中，容貌往往成为第一个信号映入对方的眼底，机敏的人在瞬间已凭着心理定势将其对号入座。这就是有人费尽心机却一辈子不景气，有人办事件件得心应手、物顺人从的原因，因为有人物整体形象在其中发挥了作用。

01
第一印象最重要

人的第一印象是最不容易磨灭的。有些人容易博得别人的好感，在很大程度上是由于长相给人留下了好印象，这正是长相重要性的体现。长相凶恶的人谁也不喜欢，没有自信的人总是让人觉得缩头缩脑的。长得贼头贼脑的人让人觉得不可靠，而慈眉善目的人很容易赢得别人的信任。作为一个上班族，每天早上应站在镜子前看看自己的脸是柔和、精力充沛的，还是一副宿醉未醒的样子？如果早上起来就是一副没精打采的样子，那一定要先振作精神再出门。

并非每个人都想在工作上表现出相同的形象来。如果是设计人员，那么他就希望自己能以点子多、热情如火、喜欢把新事情赶快搞定等形象出现；但如果是会计人员的话，他则希望自己能以说话谨慎、行事小心等形象出现。可是另一方面，无论他以何种形象出现，基本上的态度并无二致。也就是说，设计人员在展示其点子多的同时，口齿也应清晰，内容应言之有物；至于会计师们，也不是说脸上就不准挂着微笑。

始终保持旺盛的精力、饱满的热情、大方自然的精神，是优化个人形象的重要因素。与人交往时，神采奕奕，精力充沛，显得状态有自信，便能激发对方的交往热情，活跃交往氛围；如果精神萎靡不振，无精打采，则显得敷衍冷漠，使对方感到兴味索然乃至不快。一个精神饱满、大方自然的人会给人留下自信、乐观、进取和对生活充满热情的印象；神情倦怠、涣散或者表现得紧张局促、手足无措的人，则会给人留下缺乏社交经验、不成熟、不专注、看不起人的印象。

人的仪态、表情和风度全面地反映了一个人的素质、受教育的层次以及能够被人信任的程度。一个人举止端庄文雅、落落大方，就能给人以深刻良好的印象。培根有句名言："相貌的美高于色泽的美，而优雅合适的动作美又高于相貌的美。这是美的精华。"仪表是展示自己才华和修养的重要外在形态，优雅的仪表能够帮助一个人得到良好的社会声誉。

将自己良好印象跃升为卓越形象的人需具备五项要素：建立能做事、会做事、敢做事的能力形象；待人诚实互信，给人信赖、安全的感觉；善于沟通，表达清晰，使人感觉亲切、温和；经由做事的干劲、对人的热忱而引人注意；与人相处过程中，能凸显爽直、愉悦的明朗个性。

形象不是一项单纯的性格或特质，而是多方面的综合呈现。拥有形象魅力的人对自己的要求是：仪表端庄，口齿清晰；待人诚恳、热忱，给人有干劲、有能力的印象；有效地沟通与表达，尤其善用无声的肢体语言；具有丰富的学识与常识；应对得宜，掌握情绪；诚信无伪，坦率正直；表里一致，言行如一；充实自我，与时俱进；接受挑战，勇于担当；畅通社交，广结善缘；善用口碑，肯定赞美；争取机会，表现自我；创造机会，扬名于外；善用媒体，谨言慎行；动态定位，自我更新。

02 通过衣衫识人

莎士比亚说，衣装是人的门面，这一说法得到了广泛的认同，许多人经常因不得体的穿着而备受指责。初看起来，仅凭衣着去判断一个人似乎肤浅轻率了一些，但经验一再证明：衣着的确是衡量穿衣人品位和修养的标准之一，渴望成功的有志者应该像选择伴侣一样谨慎地选择衣装。古谚云："我根据你的伴侣就能判断你是什么样的人。"一个文学家也说过一句相当精妙的话："让我看看一个妇女一生所穿的所有衣服，我就能写出一部关于她的传记。"

衣服是一种物体语言，它传递人的心理状态、意向、性格、爱好、兴趣及身份等多方面的信息。举个例子，公司的公关人员很少穿得古板单调、稀奇怪诞，而会穿得时尚优雅、自然潇洒，使人愿意与他接近和交朋友。

着装优雅的人给人的印象深刻，它等于在向大家传递一个信息，无形中达到了自我推销的目的："我是重要的人物，聪明、成功、可靠，大家可以尊敬、仰慕、信赖我。我自重，你们也应尊重我。"反之，穿着邋遢的人给人的印象就差，它等于在告诉大家："我是个没什么作为的人，我粗心、没有效率、不重要，我只是一个普通人，不值得特别尊敬，我习惯不被重视。"

正因为衣服可反映人的品格，因而人们总结出几种不同的穿着格调：

自由随便的人喜欢穿牛仔服、宽松式上衣；规规矩矩、一本正经的人喜欢穿西服、系领带；歪戴帽、敞胸怀、挽裤管显示性格粗犷、满不在乎；穿黑色衣服显得冷静、肃穆；穿着艳丽显得活泼可爱；地位高的人穿着严肃端庄等。

或者有许多人未曾料到，穿上自己喜爱的衣服，包括颜色、质料，会把自己的心理状态表现得一览无遗。

1. 缺乏自信，喜欢争吵者

这种人穿着朴素，不爱穿华美的衣服，大多缺乏主体性格，对自己缺乏信心，却希望对别人施予威严，借以弥补自己自卑的感觉。遇到这种人，最好不要和他们论理，因为越是自卑的人，越想掩饰自己的自卑，越会与人喋喋不休地争吵，以期保存剩下的一点点面子和尊严。这时候，我们可以大大方方地承认他的观点，使他感受到我们的宽容大度，从而获得意想不到的效果。

2. 自我显示欲强，爱出风头者

在大庭广众之下，你可以发现某些人总是穿着引人注目的华美服饰，这种人有强烈的自我表现欲，且对于金钱的欲望特别强烈。所以，当我们看到这类身着华服的人，或同事中有这样的人时，就能洞察到他们的这种心理。多夸奖他们的服装服饰，满足其膨胀的表现欲是一个好办法，如此一来这种人就不会轻易刁难我们。

3. 有孤独感，情绪不稳定者

这种人平时爱穿着时髦服装，他说不清楚自己真正喜欢什么，只以流行为嗜好，向流行看齐，随着潮流走，没有主见。这种人在心底里常有一种孤独感，情绪也经常波动。

4. 想改变生活方式，或逃避现实者

一位公司职员阿水，以往一直穿戴固定式样与格调的西装，但有一天，他却穿着潇洒的夹克、鲜艳的长裤，戴着完全不同颜色的领带来公司上班。

从精神方面说，阿水的内心必然受到了某种刺激，使他在想法上发生若干变化，所以他的深层心态里通常怀有某种新的想法。也许会有同事好奇地问："你今天有什么事吗？你遇到了什么问题？"其实，对于这种突然改变自己服装嗜好的人，若想与他保持良好的关系，应当显得不当回事，或者赞美他穿什么都很不错，相信他的心灵大门一定会向我们敞开。我们承认的态度比质疑的态度要强，相信过不了多久他就会靠近我们，与我们交流、谈心，说出他改变服装的原因。

5. 以自我为中心，标新立异者

这种人对于流行的状况毫不关心，他们个性很强，但这些人中的部分人不敢面对外面的花花世界，而一味地把自己关在"小黑屋"里。这种人认为，如果跟别人同调，岂不是失去了自我？他们以自我为中心，经常会弄得大家不欢而散。

6. 冷静对待流行，渐渐改变穿衣方式者

这种人情绪稳定，处世中庸，一般不会做什么越轨的事。他们理性多于狂热，不过于顺从欲望，也不盲从大众时尚。这种人比较可靠，值得结交，在公司里常常是一位优秀的员工。

03

观察人的气质修养

俗话说：人配衣服马配鞍。一般来说，一个人的外貌、气质与其内在品行有着相互对应的关系，而要了解一个人，特别是要重用一个人时，从此人的容貌、气质着手去了解是一条有效途径。

曾国藩在选拔人才时就有一绝，即"以貌用人"。传说湘军将领江忠源是经幕僚郭嵩焘介绍与曾国藩见面的。初次见面时江忠源并不感到拘束，表现出豪爽、侠义、自信、不拘小节的特点，曾国藩与他谈了许多市井小事，谈笑中不知不觉时间就过去了。当江忠源辞别而出时，曾国藩目送此人，回头对郭嵩焘说："在文师能求得如此人才真不容易啊。"既而又说："此人必定会立功名于天下，也一定能为节操义气而舍生。"对于一面之交者有如此评价，闻者十分惊异。

这个江忠源果然是个神奇的人物。一天，他对曾国藩说："新宁有青莲教，天下将大乱了。"但过了两年也没见动静，于是曾国藩问他这是为什么，江说他已把家乡的亲友壮丁组织起来加以防御了。后来果然就有青莲教起事，江忠源率领乡人一战就把他们扑灭了，江还因此被授予浙江知县。

当年咸丰帝在位时，曾国藩应诏保举贤才，江忠源就是被保举人之一。曾国藩称赞他："忠心耿耿，爱民如子。"后来，江忠源成为湘军的将领之一。这一以貌取人的故事令很多人拍手叫绝。

其实，仔细研究一下就会发现，曾国藩的以貌取人法并不神秘。每个人都有自己的血型特征、气质特征和性格特征。血型特征与气质特征都以遗传因素为主，绝大多数成分源于先天。而性格特征则因人的后天修养累积而成，可以改变，也可以或多或少地影响人的气质特征。概括地说，气质既是内在的修养，又是外在的表现，人可以用知识来弥补气质上的不足，遮掩其中的缺点，并使优点发扬光大。

曾国藩在以貌取人时，并非只看人的外貌，而是观察人的气质修养。当他看到江忠源初次见面不感到拘束时，就了解到他一定是见过世面的人物；看到他谈笑风生时，就知道他自信而有主意，不会被人所动摇、所左右；在与他谈及市井小事时，又掌握了他善于捕捉信息、消息灵通的本领。通过这些信息的综合判断，他断定这是一个难得的人才。

如果以貌取人时，观察不到这些内在的东西，而只凭一个人的长相选拔人才，那十有八九是会失误的。

第四章
品其性：性格决定一个人的人生命运

不同的性格决定不同的命运。性格不是与生俱来的，而是后天塑造的。塑造性格的主动权就在人的手中。一个人如能重塑自己的性格，也就把握住自己的命运。

01
性格的四种特征

所谓人心不同，各如其面，是指每个人都具有不同于他人的独特精神面貌和行为倾向。正像世上没有绝对相同的两片树叶一样，世上也没有性格完全相同的两个人。即使是孪生兄弟，遗传基因完全一样，性格也不会完全相同。曾经报道过苏联有一个连体双头畸形儿，躯体、内脏与四肢是共有的，然而却具有不同的性格特征：一个不爱说话、喜欢安静；另外一个则爱说、爱笑、爱发脾气。

性格是在人的社会化过程中形成的，因此总要受到一定社会环境的影响。人是生活在群体之中的，相同的环境条件与实践活动会使人们的性格带有群体的共性特点。例如，蒙古族人大多具有粗犷、豪放、热情、好客的特点，这就是蒙古族同胞的共性。共性是相对存在的，而性格的差异是绝对的。具体地说，性格的特征大致包含了整体性、稳定性、独特性和社会性。

1. 整体性

性格是一个统一的整体结构，是人的整体心理特征。每个人的性格倾向性和性格心理特征并不是各自孤立的，它们相互联系、相互制约，构成一个统一的整体结构。

2. 稳定性

性格是指一个人比较稳定的心理倾向和心理特征的总和，它表现为对人对事所采取的一定的态度和行为方式。一种性格特征一旦形成，就比较稳固，不论在何时、何地、何种情境下，人总是以惯用的态度和行为方式行事。"江山易改，本性难移"就形象地说明了性格的稳定性。

3. 独特性

每个人的性格都是由独特的性格倾向性和性格心理特征组成的，即使是同卵双生子，他们在遗传方面可能是完全相同的，但性格品质也会有所差异。因为每个人在后天的实践环境中，条件不可能绝对相同，即使是生活在同一家庭中的兄弟姐妹，宏观环境相同，个人的微观环境也是有差异的。因此，每个人的性格都反映了自身独特的、与他人有所区别的心理状态。

4. 社会性

人不仅具有自然属性，同时也具有社会属性。一个人如果离开了人类，离开了社会，正常的心理发育将无法完成，更谈不上性格的发展。生物因素只为人的性格发展提供了可能性，而社会因素则使这种可能性转化为现实。

现代性格分类

性格是人对现实的态度和行为方式中比较稳定的独特心理特征的总和。

性格是个人独特的、一贯的倾向。比如，我们对使自己愉快的事物就愿意接近，对不愉快的就嫌弃和回避。也就是说，人对社会、集体、他人的态度中所表现出来的态度，如为公或偏私、勤奋或懒惰、谦虚或骄傲、勇敢或胆怯等都属于性格特征。

此外，外界环境的影响也会使之形成自己的性格特征。比如一个人在成长过程中，都会直接或间接地学习为人处世的方式，形成性格特征；通过观察周围其他人对事物的态度和行为方式，会学到某些性格品质，并在日后的生活中逐渐构成自身独特的行为特征。

个性心理特征使得每个人身上都表现出自己独特的风格，表现出个性差异。

1. 冲动型

这种性格的人热衷于取悦他人，也比较乐观，而且常会一次同时进行好几件事情。他们通常较无组织能力，对于参与活动自始至终都保持同样的热情，不过由于缺乏自我约束的能力，总是想立刻看到成果。对于必须遵守预设好的时间行程或做有时间限制的事情，他们很容易一下子就感觉沮丧，所以他们比较适合有弹性的工作，而不适合当个朝九晚五的上班族。

如果是可以让他们发挥社交手腕的工作，他们也会表现出高度热忱；相反，如果他们在工作上到处束手束脚，甚至被同事们孤立起来，那么他们会有极大的压力，情绪便会大起大落。

2. 沉静型

这种性格的人敏感，善于分析事情，也较为悲观。他们特别容易感到沮丧，但控制力较强。如果他们认识到自己的情绪变化，会有两种反应：一是继续安于现状，沉溺在情绪中让它自生自灭或者越来越严重；二是不断地在情绪中挣扎，时而乐观，时而悲观，时而是成功者，时而是失败者，分不清是他左右情绪还是情绪左右他。

3. 敏感型

这种类型的人精神饱满，好动不静，办事爱速战速决，但是行动常带有盲目性。与人交往中，往往会拿出全部热情，但受挫折时又容易消沉失望。这类人最多，约占 40%，在运动员、行政人员和各种职业的人中均有。

4. 感情型

这种类型的人感情丰富，喜怒哀乐溢于言表，别人很容易了解其经历和困难。不喜欢单调的生活，爱刺激，爱感情用事，讲话写信热情洋溢；在生活中喜欢鲜明的色彩，对新事物很有兴趣；在与人交往中，容易冲动，有时易反复无常，傲慢无礼，所以与其他类型的人不易相处。这类人占 25%，在演员、活动家和护理人员中较多。

5. 思考型

这种类型的人善于思考，逻辑思维发达，有较成熟的观点，一切以事实为依据，一经做出决定就能够持之以恒。生活、工作有规律，爱整洁，时间观念强。重视调查研究和精确性。但这类人有时思想僵化、教条，爱纠缠细节，缺乏灵活性。这种类型的人约占 25%，在工程师、教师、财务人员和数据处理人员中较多。

6. 想象型

这种类型的人想象力丰富，爱憧憬未来，喜欢思考问题，在生活中不太注重小节，对那些不能立即了解其想法的人往往显得很不耐烦。这种人有时行为刻板，不合群，难以相处。这类人不多，大约只占10%，在科学家、发明家、研究人员和艺术家、作家中居多。

7. 活泼型

对活泼型的人来说，要完成一件事是十分困难的，所以他们需经常得到赞许以坚持下去。那些不需要称赞的人不会明白表扬是活泼型人的精神食粮，没有了表扬，他们就难以生存。

与其他类型的人相比，活泼型的人比较容易被他们周围的环境所操纵，他们的情绪会随着境遇而起落。当你认识到他们的情绪变化有多快时，你就不会对他们的哭笑过分紧张。

要懂得他们是善意的。活泼型渴望受欢迎，所以他们只想娱乐别人而绝没有给人添麻烦的意思。

8. 完美型

完美型的人会感到他们的问题即使是真的存在也是愚蠢的。他为自己的情绪化而不知所措，并且知道每个人都会觉得他的忧虑是荒谬的。由于这些感觉，他不会告诉任何人他为什么苦恼。

完美型性格的人对别人的爱缺乏安全感，所以总是对所受到的赞扬带有疑惑。活泼型的人连取笑也当作赞许，而完美型的人却会把赞许当作取笑。他们对随意、振奋的话感到怀疑的另一原因在于他们对每件事都要研究，对每个人都怀疑，特别是快活的人。他们觉得在赞扬的背后一定有隐秘的动机，然而他们又真的需要别人欣赏，这种矛盾使得别人很难对完美型的人说正面的话。知道了这一点，你就可以对完美型的人做出诚恳、平实和切切实实的称赞，而且不会为"那究竟是什么意思"这样的话而不悦。

这种人的天性促使其占据操纵者的地位。在办公室，重要的决定多由他们做出，并将它变作行动，也就是想到了就会去做。

9. 力量型

力量型的人想说就说，不会考虑别人的感受，所以他们不时地会伤别人的心。

力量型的人处事注重实际，不习惯于对病弱的人表示同情。如果要填补情感上的空虚，力量型的人倾向于寻找别的途径。他们不是吝啬或者残忍，只是对受伤的人没有同情心而已。

10. 和平型

和平型性格的人最悠闲、随和，但他们需要动力，需要上司或办公室异性的鼓励和帮助。逃避是他们保持控制的一种方式。和平型性格的人总感到被力量型的人所压迫，所以他们会把拖延作为自卫的武器。

和平型性格的人能够做决定，但是常常选择最简单的路，就是让别人替他们选择做什么和往哪里做。对待和平型性格的人，要迫使他们考虑一件事情的两方面，然后做出决定。要向他们解释清楚判断并做出决定的能力对他们今后生活的重要性。

和平型的人沉默而且安于现状，因而很容易成为别人推卸责任的目标。常常有这样的情况，力量型的人草率地做决定，带来灾难性的后果，于是就把过错都推到愿意受气的和平型的人身上。尽管和平型的人可能会逆来顺受，但这种做法依然损害了他们的自尊，使他们对你敬而远之。

和平型的人总爱逃避责任，即使他们能力较强而且人际关系不错。他们是制造和平气氛的领导天才，所以应该鼓励他们去承担责任。虽然他们会因别人对其不信任而放弃，但他们的确是出色的行政人员。

11. 现实型

这类人表达能力不强，不善于与人交往，思想较保守，对先进的东西不感兴趣。但他们身体强健，动作灵活敏捷，喜欢户外活动，喜欢使用和操作大型机械。"安分随流、直率坦诚、实事求是、循规蹈矩、坚忍不拔、埋头苦干、情绪稳定、勤劳节俭、注重小利、胆小怕事、不善算计"是对他们很好的描述。这类人适合从事机械制造、建筑、渔业、野外工作、实验工作、工程安装以及某些军事职业等。

12. 探索型

这类人往往沉溺于研究问题中，表现出对工作的极大热情，对周围的人不感兴趣。他们善于通过思考解决面临的难题，但并不一定实现具体的操作。他们喜欢面对疑问和不懈的挑战，不愿循规蹈矩，总是渴望创新。这类人可以描绘成"分析型的、好奇的、独立的和含蓄的"。适合于这类人的工作是工程设计、生物学、社会科学、实验研究、物理学、气象学等。

13. 艺术型

这类人在有自我表现机会的艺术环境中如鱼得水。他们更愿单独行动，这一点与探索型人相似，但他们比探索型人有更强的自我表现欲，对自己过于自信，而且敏感、情绪化、与众不同、个性鲜明、乐于创造，为追求心中的理想可抛弃一切。艺术型的人可描述为"独立不羁、创新求异、不同凡响、热衷表现和激情洋溢"。他们通常适合艺术家、画家、歌唱家、戏剧导演、诗人、演员、音乐演奏家等职业。

14. 社会型

这类人责任感、正义感、公正感都很强，具有较强的人道主义倾向，社会适应能力强。他们喜欢有组织的工作，善于与人交往，乐于讨论理想、人生态度等问题，愿意帮助他人。"开朗、善于交际、领导者"是对他们较好的描述。适合于他们的工作有学校校长、临床心理学家、大学教师、就业指导顾问等。

15. 企业型

此类人喜竞争、好支配他人、善于辞令、爱与人争辩，总是试图让他人接受自己的观点，不愿从事精细工作，不喜欢复杂的工作。他们通常认为自己"敢作敢为、信心百倍、开朗通达、善于交际"。适合于这类人的工作有经理、推销员、电视节目制作人、政治家、社会活动家、房地产经纪人等。

16. 常规型

这类人喜欢有秩序的生活，做事有计划；乐于执行上级指派下来的任务，讲求精确，不愿冒险。可以这样描述他们："循规蹈矩、踏实稳当、驯服听话和忠实可靠"。他们与现实型人的区别在于他们对花较多体力或脑力的活动不感兴趣。适合于他们的工作有银行审计员、银行出纳员、图书管理员、会计、计算机操作员、话务员、统计员、交通管理员等。

03

辨别偏才

性相近，习相远。人的嗜好、欲望本性上是相同的，只因后天的环境经历、教育习染而各自不同，所以每个人的个性、志趣才显得各不相同。刻苦修炼、锐意进取的人，就志向远大、奋发有为；追求物质享受、容易被周围环境影响的人，就意志软弱、性情暴躁。《左传》中有句话说："审核人的好恶，陶冶人的性情，领导艺术全在于此了。"

培养性情的途径，主要是看清自己的长处，克服自己的缺点。总的原则是性格聪明爽朗的，要警惕把什么事情都看得太清楚了；孤陋寡闻的，要警惕把无知当高明；勇猛刚强的，要警惕遇事急躁粗暴；善良温和的，要警惕对人对事优柔寡断；恬淡从容的，要警惕错过时机；心胸宽阔的，要警惕对任何事情都不仔细观察，马虎健忘。

人以类聚，物以群分。形形色色的人才，审视他，明辨他，详察他，然后慎用他，就不会有所遗漏了。

（1）严厉正直、刚直不阿的人，适合于做改正失误、整顿治理的工作，可是又很容易犯偏激过火、揭发别人隐私之类的错误；

（2）性情温柔随和、安静宽恕的人，优点是宽容大度，缺点是对人对事犹豫不决；

（3）勇猛剽悍、精力旺盛的人，优点在于肝胆照人、性情刚烈，缺点在于不太顾忌别人的情面或事情的结果；

（4）精明能干、缜密畏怯的人，能够勤勤恳恳、兢兢业业地完成所负的使命，但缺点是瞻前顾后、患得患失；

（5）百折不挠、干劲冲天的人，长处在于能起骨干带头作用，缺点是容易固执己见、刚愎自用；

（6）博学善辩、推理分析的人，其才能是在解惑说理、化解矛盾方面，不足之处是容易流于夸夸其谈、不着边际；

（7）乐善好施、普济博爱的人，推崇造福百姓、救苦救难，缺点是容易良莠不分，只当老好人；

（8）清高耿直、廉洁奉公的人，具有艰苦节约、不为贫贱所移的优点，但是也有过分拘泥于小节、固步自封的局限；

（9）注重行动、才能卓著的人，志在攀登高峰、超越同行，不足之处是好高骛远、根基不稳；

（10）冷静老练、机敏周密的人，对于细微隐秘的事情很精通，缺点在于遇事畏首畏尾；

（11）质朴坦率、一览无余的人，具有忠诚老实的品质，缺点是没有城府、心直口快、容易泄密；

（12）足智多谋、胸怀韬略的人，做事老谋深算、善于谋略，缺点是富有心机、模棱两可。

　　以上列举的12种人都是有用之才，但也都有其不足和缺陷，都不是标准适度、德才兼备的人才。对于这些偏才，我们应该帮助他们认识自己的长处，了解自己的缺点，从而进一步扬长避短，纠正缺点，改进自己，以期有所作为。

第五章
辨其心：心理行为是人的大脑对客观现实的反映

天地之所以成为天地，就是因为有了人；人之所以成为人，就是因为有了心。心灵圣洁，人生就圣洁；心灵恶毒，人生就恶毒。一切唯心造。

01
识人以心性为主体

我们识人不能一概而论，孔子圣明，在识人时也发出了"以貌取人，失之子羽；以言取人，失之宰予"的感叹。要想做到谨慎周全、万无一失，就要从多方面去考察、推究。

对人的鉴别，以心性最难。一个人心性端正，既得自于先天的生成，更得自于后天的培养。心性端正，则一切都端正。我们识人用人，应以正直浑厚、本性质朴为指导原则。大事难事看担当，顺境逆境看襟度，临喜临怒看涵养，群行群止看识见，取舍进退看气宇，日用常行看胸怀，利害得失看操守，死生灾变看志节。这都是以本心本性为主体，绝非妄言。

总括人才的美德，应该具备"心欲小，志欲大，智欲圆，行欲方，能欲多，事欲少"六个特征。

所谓"心欲小",是说性格要谨慎周密,在祸患还没有发生的时候,就能考虑到预防的措施,灾祸刚刚显露出征兆的时候,就能提高警惕,有所防备,最根本的对策是不放纵内心的欲望。所谓"志欲大",是说立志要宏大,以实现天下大同、全人类共同发展为己任,在错综复杂的是非风云面前,坚持不偏不倚、公正无私的原则。所谓"智欲圆",是说智慧要圆融无隙,像圆形球体一样,处处融洽,虽找不到起点和终点,但却能够包容四方,没有达不到的地方,又像地底深处的泉水,永远不会枯竭。所谓"行欲方",是说行为要正直端方,不屈不挠,纯洁清白,有如莲花,出污泥而不染,濯清涟而不妖,在贫穷的煎熬下,决不改变节操,飞黄腾达了,也不被冲昏头脑。所谓"能欲多",是说才能要达到文武兼备,不论是在有所作为还是静默孤独的时候,都能使自己的言行合乎道德规范。所谓"事欲少",是说善于把握事物的要领和关键,做到牵一发而动全身,以一机而治全局,以静制动,以静待躁。

物极必反,盈满则亏。想多闻广见、博学明辨的人,总是觉得自己孤陋寡闻,才疏学浅;想武勇刚毅的之人,总是明白天外有天的道理,永远处在有所敬畏的状态;想保持富贵显赫、广有天下的人,总是有所节制,让自己享有的物质局限在最小范围内;想兼济天下、恩泽苍生之人,总是让自己保持谦让恭顺的美德。这4条原则也是从前贤明的领导之所以成功的法宝。

《左传》中有言:"不首先制造动乱,不因富贵荣耀侮辱人,不依仗权势胡作非为,不违背已经达成共识的协议,不傲慢无礼、目中无人,不恃才自傲、逞能欺人,不报复怨恨自己的人,不道德的不去谋取,不仁义的不去接触。"这九句话是人赖以立身的准则。

《玉钤经》上说:"一个人把自己的本事动不动显示出来,只能证明这个人很浅薄;有了过失自己还不知道,只能证明他智商低;执迷不悟、不知悔改的,注定要被淘汰;出言不逊、惹人怨恨的,大祸就要临头;言行不一、口是心非的,肯定会被他人抛弃;文过饰非、挖空心思掩盖过失的,定要灭亡；表面愤怒但没有威慑力量的，将会受到侵犯；好结集团伙、欺辱别人的，必定遭殃；杀害自己信任重用的人，他的处境就危险了；对自己敬重的人污辱怠慢，将会带来凶险；与别人相处而貌合神离、阳奉阴违的，最后将被孤立；亲信奸诈的人，疏远忠实的朋友，这种人必然灭亡；听信谗言、抛弃贤良的，只能使自己处于昏庸无知、不明是非的状态；暗地里封官许愿的，他的寿命不会长久；当官的让部下暗中施惠于人，就快倒霉了；用欺凌部下的办法邀功请赏的，到头来自己要垮台；有名无实、假报功绩的，经济实力将会被逐渐耗损；肥了自己，克扣下属的，最终要被唾弃；给别人带来微薄好处就希望人家重重报答的，到头来还是落空；奖赏有成绩的人时，忘掉了最下层的也应受奖，以后人家就不会为你卖力；使用的人不正派，是很危险的；为了安排一个人而设立官位头衔的，将会惨败；让不仁不义的人出谋划策，是非常危险的；密谋的事情泄露，肯定要失败。"这都是我们在识人时必须警觉的根本。

我们若在认识人心这一步棋上有所失误，将失之毫厘，谬以千里，不仅个人的名声被玷污，就是事业也将功败垂成。

02

五征识人法

如何有效地识别一个人，以致不发生错误，其中大有学问，可以采用很多方法。比如，你想知道一个人的语言表达能力，可以突然向他隐晦模糊地提出某些问题，连连追问，直到他无言以对，从而观察一个人的应变能力；与人暗地里策划某些秘密，可以发现一个人是否诚实；让人外出办理有关钱财的事，能考察出他是否廉洁；要想知道一个人有没有勇气，可以把事情的艰难之处告诉他，看他有何表示。

总体上说，识人的方法具体体现在五征上。所谓五征，一是观诚，二是考志，三是观色，四是恻隐，五是揆德。

1. 观诚

派人到遥远的地方办事能知道一个人是否忠实，而在跟前办事则能观察他是否尽职；一直让人做冗杂的工作，可以看出他有没有临烦不乱的才能；突然向一个人提问，可以观察其机智程度；用仓促间和一个人约定的方法，可以观察他是否守信；使一群人杂然而处，看某个人的神色变化，就能发现其的种种隐私。仕途通达时看他所尊敬的人是谁，显贵的时候看他所追求的目标是什么，富有的时候要看他所抚养的对象是谁。看一个人经常接触些什么东西就能知其爱好；经常接近一个人要体味他说话的含义；一个人穷困时要看他憎恶什么东西，贫贱时要看他不爱做什么事，这样就能看出他有没有骨气；一个人高兴时能检验出他是否有自制力或者是否轻浮；快乐时能检验出他的嗜好是什么或是否俭朴；让人愤怒可以考验他的本性优劣；让人悲伤能知道一个人是否仁爱，因为宅心仁厚的人看见别人悲哀也会与之同哀；艰难困苦可以考验一个人的志气或是否有随遇而安的涵养。受重用、宠信的人，要看他会不会骄奢淫逸；被当权者疏远、贬斥的人，要看他会不会背逆或有什么越轨行为；荣贵显达的人，要看他是不是见人就炫耀自己，趾高气昂；默默无闻的人，看他是不是甘于无名。青少年要看他是否恭敬好学又能与伙伴和平相处；壮年人要看他是否清廉实干、勤恳敬业、大公无私；老年人要看他是否思虑慎重。父子之间，看他们是否慈爱、孝顺；兄弟之间，看他们是否和睦友爱；邻里之间，看他们是否讲信用。上述这些用以识别人的方法叫"观诚"。

2. 考志

"考志"的办法是通过与对方谈话，观其言行来考察他的心志。如果一个人的语气宽和温柔，神色恭敬而不奉承，先礼后言，常常自己主动流露自己的缺点，这样的人是可以给别人带来帮助的人。如果一个人说话盛气凌人，话语上总想占上风，而且想方设法掩饰自己的不足和无能，这种人只会伤害别人。如果一个人的神情坦率而不傲慢，言谈正直而不偏私，不掩饰自己的美德，不隐藏自己的缺点，不防备自己的过错，这是质朴的人。如果一个人总是奉承别人，言谈间竭尽阿谀谄媚，好做表面文章，尽量表现其微不足道的善行，这种人是虚伪的人。假如一个人的喜怒不会因外界环境的变化而流露出来，不因乱七八糟的琐事而心烦意乱，不为厚利的诱惑所动，不向权势屈服，这种人是内心平静、坚贞不屈的人。如果因环境变化而喜怒不能自控，因事情繁琐而心生烦乱，不能安静，见了蝇头小利就动心，一受威胁就屈服，这种人是心性鄙陋而没有骨气的人。如果把一个人放在不同的环境中他都能果断地处理事情，以灵活的应变能力面对突然的惊扰，这是有智慧、有头脑的人。假如一个人不能适应各种变化的情况，又不听人劝告，执守一种观念而不懂得变通，固执己见而不懂得改正，这是愚鲁刚愎的人。如果别人说什么也不听从，自私自利，毫不掩饰，强词夺理，颠倒是非，这种人是好诬陷他人、嫉妒他人的人。以上知人的方法就叫作"考志"。

3. 观色

观色之所以能知人，是因为人的心气虽然涵藏在内心深处，但可以通过人的脸色、表情去把握、体会。真正聪明的人一定会表现出从容自若、泰然处之的神色；真正宽厚的人一定具有安宁慈祥的神色；真正勇敢的人一定具有不可震慑的神色；真正忠诚的人一定具有坚毅的神色；真正纯洁的人一定具有难以玷污的神色；真正有气节的人一定具有值得信任的神色。质朴的神色正气凛然，坚强而沉稳；虚伪的神色游移不定，飘忽闪烁。以上就叫作"观色"之法。

4. 恻隐

所谓恻隐，是指看一个人，如果发现他吃小亏而占大便宜，让小利而争大得，言语恭顺装作老实，假装慈爱以充忠诚，小心谨慎地做事以博取好名声，这就是个用仁爱贤惠来包藏私心的人。考核一个人时，如果向他提问他不回答，仔细追问他又含糊其辞，外表让人感觉很有学问，打着传播真理的招牌虚张声势，为环境所困时一旦没招就故作深沉，这就是个借学识理论来隐匿其才疏学浅的人。观察人时，如果他大唱高调以示廉洁，装作雷厉风行给人造成勇于作为的假象，屡屡自我矜傲，狐假虎威，盛气凌人，这是个用廉洁和果敢来隐藏贪欲的人。若相助领导或服侍双亲时，喜欢向人夸耀他怎样忠诚、孝顺，好做表面文章，其实并没有忠孝的诚心，其目的是为了获取美名，这就是个用忠孝来博取他人信任的人。以上就是所谓的"恻隐"之法。

5. 揆德

所谓揆德，就是用估摸一个人的品德的办法来评断人。如果一个人言语诚恳，行为庄重，意志坚定，大公无私，做了好事不求回报，内心忠厚而明察，其貌不扬但性情安静稳妥，这是个它心仁厚的人。如果一个人遇有突发性变故而能卓有成效地处理，身处穷困之境而能奋发向上，晋升立功而能够宠辱不惊，这是个有智慧的人。如果一个人富贵显赫之后仍然恭敬勤俭，对人彬彬有礼而不骄傲，这是个有福德的人。有的人处在简陋贫寒的状况下而无所畏惧，处在安乐富贵的情况下而不奢侈，功劳卓著而不居功自傲，高兴或愤怒时都很有节制，这是个有操守的人。有的人勤勤恳恳地工作，恭恭敬敬地孝敬父母，与人感情不睦但决不背叛，这是个忠孝的人。以上识人的方法就叫作"揆德"。

第三篇

用人

人要尽其才，才要尽其用

管理所针对的对象是人，所有的工作任务也都要依靠人来完成，所以管理成败的关键就在于如何识人与用人。一个现代管理者必须注重用人的问题。一个贤能的管理者，最主要的是善于用人，能以他人的长处归结为一己的长处，能将多数人的力量凝聚为一个团体的力量。

　　世界上的资源有成千上万种，但人才称得上是最宝贵的资源。学会任何一种学问，只能利用一种资源，而学会用人才能利用人才去征服、利用万物。用人之法，一本万利；用人之法，一劳永逸。

　　古今多少成败事，皆在选人用人中。如何用人，是衡量一个管理者管理能力高低的主要标志之一。用什么样的人，将是我们事业兴衰的关键之所在。

第一章
要通晓用人的艺术

作为管理者,面对不同秉性的下属,要充分了解他们的性格,并把不同性格和具有不同特长的下属放在不同的位置来充分发挥他们的才能。

01

找对人才能做好事情

用人之道,最重要的是要善于发现、发掘、发挥下属的一技之长。用人不当,事倍功半;用人得当,事半功倍。

《淮南子·道应训》记载,楚将子发爱结交有一技之长的人,并将他们揽至麾下。有个其貌不扬、号称"神偷"的人,也被子发待为上宾。有一次,齐国进犯楚国,子发率军迎敌。交战三次,楚军三次败北。子发旗下不乏智谋之士、勇悍之将,但在强大的齐军面前,简直无计可施了。

这时"神偷"出面请战。他在夜幕的掩护下,将齐军主帅的睡帐偷了回来。第二天,子发派使者将睡帐送还给齐军主帅,并对他说:"我们出去打柴的士兵捡到您的帷帐,特地赶来奉还。"当天晚上,"神偷"又将齐军主帅的枕头偷来,再由子发派人送还。第三天晚上,"神偷"连齐军主帅头上的发簪都偷来了，子发照样派人送还。齐军上下听说此事，甚为恐惧，主帅惊骇地对幕僚们说："如果再不撤退，恐怕子发要派人来取我的人头了。"于是，齐军不战而退。

一个团队需要各式各样的人才。一个成功的管理者并不在于自己能做多少事，而在于能够清楚地了解每个下属的优缺点，并在适当的时候派他们去做适合的事。

世界上众多著名公司之所以能取得成功，其关键就在于用人的成功。

作为全球最大的快餐连锁公司，麦当劳的用人之道是：企业首先应是培养人的学校，其次才是快餐店。麦当劳用自己独特的企业文化取胜于市场，着力于寻求相貌普通但具有吃苦耐劳创业精神的人，并以公司自身的经验和麦当劳精神来培训自己的员工。

美国管理学家德鲁克认为，只有任用最为出色的人，才能确保企业各项事业顺利发展。如果内部有足以胜任的人才最好，如果没有，则应从外部聘用，哪怕需要支付高昂的薪酬，企业也绝不能因补缺或应付而在关键岗位上放置平庸的人。

在美国纽约的华尔街，有一个来自中国上海的华人金融家，他名叫蔡志勇。蔡志勇20世纪60年代初期投身于美国金融界，几十年来任凭华尔街潮涨潮落、狂澜迭起，他都能化险为夷、绝处逢生。特别是在一波三折、危机四伏的股票市场上，他总能步步为营、稳扎稳打，取得了辉煌的业绩，被美国金融界誉为"点石成金的魔术师""华尔街金融大王"。

1987年2月1日，蔡志勇荣任全美500家大型企业之一的美国容器公司董事会首席执行董事和董事长。说到这里，不能不说说威廉·伍德希德这个洋"伯乐"是怎样识别蔡志勇这匹"千里马"的。

威廉·伍德希德原是美国容器公司的董事会首席执行董事和董事长，是一个唯才是举的开明人士。他所管理的容器公司是一家实业公司，下辖多家制罐厂，多年来一直想在金融界求得发展，因此一直想聘请一位金融奇才来策划经营，但苦于找不到合适的人选。蔡志勇在金融界超凡的才能引起了威廉·伍德希德的注意，他慧眼识俊杰，立即与蔡志勇接洽商谈。

威廉·伍德希德求贤若渴、爱才如命，最后竟不惜以1.4亿美元的现金和股权高价收购了由蔡志勇任董事长兼首席执行董事的"联合麦迪逊"财务控股公司，并邀蔡志勇出任容器公司董事。1.4亿美元这个惊人的"收买"价，明眼人一看就知，威廉·伍德希德收购"联合麦迪逊"是假，"收买"蔡志勇是真。

蔡志勇赴任后果然没有辜负威廉·伍德希德的厚望与重托，凭借着该公司的雄厚实力，他在金融界大展其能，没多久就使容器公司取得了突破性发展。他先是用1.52亿美元收购了美国运输人寿保险公司的股票，又以8.9亿美元的巨资收购了若干家保险公司、一家经营互惠金的公司、一家兼营抵押及银行业务的公司……并投资2亿美元，进一步发展这些公司的业务。蔡志勇在4年内将超过10亿美元的资金用于容器公司的多种金融服务业。

蔡志勇以金融业务为突破口，同时积极开展多样化的业务，使该公司1984年资产达26.2亿美元，销售额为31.78亿美元；1985年第一季度的纯收入达3540万美元；而1986年第一季度的纯收入高达6750万美元，与同期相比几乎翻番！证券业务更是令人惊叹！仅以1985年为例，容器公司下属的各保险公司售出的保险单面额就高达770亿美元。

如今的容器公司早已今非昔比，成为拥有33个容器厂的巨型企业，在全美500家大型企业中位列第130位，该公司的金融服务业已形成完整体系和不断发展的金融网络。蔡志勇上任仅4年，就为公司增加了10亿美元的资产。威廉·伍德希德更加器重蔡志勇，1982年2月升任他为执行副总裁，1983年8月又将他升任为副董事长。

威廉·伍德希德自鸣得意地坦言相告："蔡志勇是容器公司金融服务业的'顶梁柱'，我们之所以收购他的公司，主要是为了把他吸收到我们公司里来。"

威廉·伍德希德以1.4亿美元的天价收购"联合麦迪逊"财务控股公司，根本目的是为了得到蔡志勇这位不可多得的帅才，事实证明威廉由此获得的收益要远大于此。人才作为企业的一种最重要的资源，决定着企业的核心竞争力。能否招募到优秀的、合适的高级人才往往决定着企业在市场上具有多大的竞争力，所以管理者要不惜一切代价网罗有价值的人才，让最优秀的人才为己所用。

东芝的用人之道是：要尊重人就应委以重任，担得起100公斤的员工，就应该交给他120公斤，从而激发人的创造力。这种"重担子主义"的用人路线，使东芝经久不衰。

思科的用人之道是：为了不裁人，所以要找最好的人。思科的业绩发展不是先找人来开拓市场，而是市场业绩在前跑，然后找人跟进这个业务，以业务拉动人的高速发展模式使思科得到迅速发展。

❷ 善于发挥人才的长处

任何一个组织都是众人的集合，有才华出众者，有泛泛如众者，有八面玲珑者，有谨小慎微者等，真可谓各色人等，长短不一。但用人问题的关键却在于，要用人之长，这是管理者用人的眼光和魄力之所在。现代管理科学的理念是，一个人的短处是相对存在的，只要善于激活他某一方面的长处，这个人则可修正自我，爆发出惊人的工作潜能。

去过寺庙的人都知道，一进庙门，迎面是弥勒佛，笑脸迎客，他的北面则是黑口黑脸的韦陀。但相传在很久以前，他们并不在同一个庙里，而是分别掌管着不同的庙。弥勒佛热情快乐，来烧香的人非常多，但他什么都不在乎，丢三落四，没有好好管理账务，所以依然入不敷出。而韦陀虽然管账是一把好手，但成天阴着个脸，过于严肃，导致前来烧香的人越来越少，最后香火断绝。

佛祖在查香火时发现了这个问题，就将他俩放在同一个庙里，由弥勒佛负责公关，笑迎八方客，于是香火大旺。而韦陀铁面无私、锱铢必较，则让他负责财务，严格把关。在两人的分工合作下，庙里一派欣欣向荣的景象。

人之才性，各有长短。宋代司马光总结说："凡人之才性，各有所能，或优于德而强于才，或长于此而短于彼。"用人如器，各取所长，这是现代管理者最基本的才能。假如你是一位企业管理者，对待不同类型的下属，应当采取不同的用人之道，使其克服短处，发挥所长，为组织发展增添动力。

其实在高明的管理者眼里，没有废人，正如武功高手，不需名贵宝剑，摘花飞叶即可伤人，关键要看如何运用。在一次宴会上，唐太宗对王珪说："你善于鉴别人才，尤其善于评论。你不妨从房玄龄等人开始，一一做些评论，评一下他们的优缺点，同时比较一下，你在哪些方面比他们优秀？"王珪回答说："孜孜不倦地办公，一心为国操劳，凡所知道的事没有不尽心尽力去做，这方面我比不上房玄龄。常常留心于向皇上直言进谏，认为皇上能力德行比不上尧舜很丢面子，这方面我比不上魏征。文武全才，既可以在外带兵打仗做将军，又可以进入朝廷做领导担任宰相，这方面我比不上李靖。向皇上报告国家公务，详细明了，宣布皇上的命令或者转达下属官员的汇报，能坚持做到公平公正，这方面我不如温彦博。处理繁重的事务，解决难题，办事井井有条，这方面我比不上戴胄。至于批评贪官污吏，表扬清正廉洁，嫉恶如仇，乐善好施，这方面比起其他几位能人来说，我也有一技之长。"唐太宗非常赞同他的话，大臣们也认为王珪完全道出了他们的心声，都说这些评论是正确的。

从王珪的评论可以看出，唐太宗的团队中，每个人都有所长，但更重要的是唐太宗能将这些人才依其专长运用到最适当的职位，使其能够发挥所长，进而保障整个国家繁荣强盛。

　　未来企业的发展不可能只依靠一种固定组织模式来运作，必须视企业经营管理的需要而使用不同的团队。所以，每一个管理者都必须学会如何组织团队，如何掌握及管理团队。管理者应以每个下属的专长为思考点，安排适当的位置，并依照下属的优缺点，灵活调整，让团队发挥最大效能。最糟糕的管理者漠视下属的短处，随意任用，致使下属不能克服短处而恣意妄为。也就是说，一位不了解下属短处的管理者，也不会明白下属的长处，这是善于洞察下属的管理者需力戒的用人误区。如果说，只看到下属的短处而将他抛弃的管理者好比瞎了一只眼睛的盲人，那么只使用下属短处的管理者则好比瞎了两只眼睛的盲人——成了一个真正的瞎子！

03

知人善任，合理分工

　　知人善任，对下属进行合理分工，可以使下属心情舒畅，充分发挥积极性和创造性。作为管理者，其主要精力应该花在计划、组织、监督和指导上面，如果事必躬亲，必将因小失大：一方面，自己大部分的时间和精力被琐碎的事务占去，势必影响对企业发展战略的总体把握；另一方面，会使下属觉得无事可干、束手束脚，不能做到人尽其用、人尽其才。如此，即使管理者干得筋疲力尽，也难以取得优异成绩。

　　简单地说，管理者的任务就是找合适的人做合适的事，鼓励他们用自己的创意完成手上的工作。管理者要想说服下属依照你的意思行事，就必须摸清下属的性格，对不同的人采用不同的方法，既不能千篇一律，也不能"牛不吃草强按头"。摸透下属的秉性，必须对下属有全面、细致的了解，掌握的情况越多，越能发现他们存在的问题。作为管理者，应尽力认识一个人的全部情况。下属们的工作态度、习惯、情绪不仅会影响自身的工作效率，还会影响到其他下属的士气和工作效率。

管理者必须根据企业的发展状况和实际需要，认真研究人才需求，对于什么岗位要什么样的人才，要做到心中有数。同时要清楚地了解员工的能力与特长，尤其要善于发现那些默默无闻的人才，并根据人才的专长，扬长避短，合理使用人才，千万不能将有能力的人才闲置。

管理者一定要有正确的用人态度，并在用人过程中牢牢记住一点：用人不疑。企业可以有各种监督、考核手段，但这并不是对员工职权范围内的事横加干涉。企业要创造宽松的工作环境让员工安心工作，而不是花费精力来对付管理者。建立了科学的选人和用人机制，创新人才才会脱颖而出。

作为管理者，应根据下属的能力和特长合理分配工作任务，而不能"乱点鸳鸯谱"，否则会使下属产生不满情绪，影响上下级的关系，不利于工作的完成。

要做到信任下属，还应该多听取他们的建议，让他们知道自己也在参与管理工作，而不仅仅是被领导。要记住：请教别人或征求他们的意见，会使他们感到高兴。

每个人都不可能十全十美，不过既然人都有缺点，那么必定有善用缺点的方法。这方法的关键就在于将缺点用到适当的地方，变缺点为优点，这就是所谓的"短中见长之术"。

《贞观政要》中曾记载唐太宗李世民的短中见长之术。李世民说："明主之任人，如巧匠之制木。直者以为辕，曲者以为轮，长者以为栋梁，短者以为拱角，无曲直长短，各种所施。明主之任人亦由是也。智者取其谋，愚者取其力，勇者取其威，怯者取其慎，无智愚勇怯兼而用之，故良将无弃才，明主无弃士。"

有位厂长既善于用人之长，也善于用人之短。比如将爱钻牛角尖的人安排去当质检，将处理问题头脑呆板的人安排去考勤，将争胜好强的人安排去执行特别任务，将能言善辩且喜欢聊天的人安排去当公关。因此，在他的安排下，没有不能用的员工，且每位员工都能在适当的位置上发挥所"短"。

一般人看来，短就是短，但在有识人士看来，短中也有长。

清代思想家魏源曾说："不知人之短，不知人之长，不知人长中之短，不知人短中之长，则不可以用人。"

中国智慧充满了辩证法，就看你具备不具备这样的头脑与眼光。如果能把握"短中见长之术"，那么在你看来，不论是大才小才、奇才怪才、庸才歪才都会是人才。

在识人用人之时，要谨防"以短掩长"。有些人之所以被视为"无长"与"无用"，是因为人们只看到一些表面现象，没有看到他们真正的本事，因此要善用人才就要懂得"挖掘"人才。

闪闪发亮的水晶石刚从土里挖出来时，只是一块脏兮兮的石头，要是只看表面，一定会把它当废物扔掉。"挖掘"人才也是这样，若是只会从外在条件判断一个人的才能，那必定会糟蹋真正的人才。

04

克服不良用人心理

公平用人是管理者必须具备的领导艺术。只有这样的管理者才能任用贤人，不任人唯亲，不拉帮结派；才会用人所长而不浪费人才；才能真心为组织谋良才。特别是在一些大企业里，有才华、有能力的人很多，管理者用什么样的人、用谁，都是非常棘手的。如果不加选择而贸然行事，必将激起方方面面的矛盾，不利于团结和工作。因此，现代的企业管理者用人，要有一个正确的出发点，那就是要出于公心。要以有利于组织发展和调动组织成员积极性为出发点，不讲私情，不搞妥协，不回避矛盾，真正将愿为组织做贡献而又有真才实学者提拔任用到各级管理岗位上，以推动组织目标的高效实现。管理者用人，不可能使各个方面和每个人都满意，但只要是出于公心，出于事业发展所需，最终会赢得尊重，赢得人心。因此，管理者在选用人才的过程中要克服以下几种不良的用人心理。

1. 任人唯亲心理

任人唯亲心理指的是用人者不管德才如何，只是选择那些和自己感情好、关系密切的人，或者任用自己的亲属等，主要表现在以下四个方面：

（1）"以我画线"。谁拥护自己、吹捧自己，就提拔谁。

（2）"唯派是亲"。凡是帮朋派友，不管是否有德有才，都优先加以考虑。

（3）"关系至上"。有"关系"的人起用，没"关系"的人靠边。

（4）以血缘关系作为用人的标准，致使组织呈现家族化倾向。人事上的"近亲繁殖"扭曲了用人标准，压抑了他人的成长和能量的释放。

任人唯亲的不良后果可从王安公司的失败中窥见一斑。王安公司曾经实力雄厚，在1984年有33亿美元的营业额，雇用2.48万名员工。王安公司失败的一个重要原因就是员工之间缺乏凝聚力。王安深受中国传统文化的影响，对家族外的高层主管不放心、不信任。当外部环境发生变化，公司经营遇到困难时，他把公司大权交给儿子，本应继承权力的美国经理却遭到冷落，许多有才华的经营主管在关键时刻离开公司，导致公司业绩一败涂地。

任人唯亲会严重危害企业的发展，表现在四个方面：

（1）阻止了优秀人才加盟，不利于企业素质的提高。

（2）使经营者大权独揽、独断专行。

（3）导致员工不思进取，缺乏创新和忧患意识。

（4）导致企业内部争权夺利，缺乏凝聚力。

很多私人企业的治理结构原始落后，用人方式任人唯亲，高层领导者对亲朋好友重点提拔，对圈外人则另眼相看，不予重任，生怕自己的位置被人剥夺。这样的企业怎能招聘人才，留住人才？

2. 论资排辈心理

这种心理是指管理者把资历深浅、年龄大小和辈分高低作为提升和使用人才的主要依据。提拔干部时，不管才干大小，机械地按年龄资历从上往下排序。虽然资历在一定程度上反映了人们的实践经验，但不能绝对化，不能把资历与能力等同起来。人的才能高低与工龄长短、资历深浅有着一定的联系，但资历并不完全与实际才能成正比，成反比的现象也并不罕见。管理者用人论资排辈会给组织带来如下危害：

（1）阻碍大批中青年人才的成长，这与现代科学文化发展规律背道而驰。

（2）阻碍人才竞争，挫伤人才的积极性和创造性，使有真才实学的人被压抑、埋没，有才难展，有志难酬。

（3）易使一些资历深、辈分大的人滋长居功自傲的心理。

人才使用有一个时效问题，因为一个人的才能不是一成不变的，从才能显现到炉火纯青，再到才能衰减，其发展呈抛物线状。一般认为，领导工作的年龄曲线在50岁为峰值年龄；技术工作的年龄曲线在45岁为峰值年龄；科学研究工作的年龄曲线在37岁为峰值年龄。这就要求我们破除论资排辈的旧观念，抓住各类人才的最佳年龄阶段，不拘一格地选拔使用人才。

邓小平同志曾指出，对突出人才的使用要破除论资排辈的心理，既需讲讲台阶，但又不能唯台阶论。要为人才创造一个公平竞争的环境，同时要大胆提拔、破格使用，在使用中帮助他们克服缺点，这样才有助于人才才能的发挥，有助于组织事业的发展。

3. 怕担风险的心理

在一些人眼里，年轻人办事不牢靠，个性强的人容易捅娄子，这两种人被提拔进领导班子总是不那么容易通过。尤其是在一些国有企业里，年轻人即使进了班子也是往后排，个性较强的有魄力的"野马"要进班子当然就更难了。怕担风险的另一表现是用人不讲时效。研究证明，一个脑力劳动者，40岁之前的工作时期是最富有效率的，到40岁以后，年龄和成就往往成反比关系。遗憾的是，这些研究成果并未引起用人单位的足够重视，在一些人的眼里，30岁属"嘴上无毛"之辈，40岁还是"嫩扁担"一根，硬是要等到人"老"了、"成熟"了以后才给提拔。可悲！

4. 偏信谗言的心理

在相当多的组织中，总有一些心术不正的人，为达到卑鄙的目的，采用不正当手段，散布流言蜚语，干扰决策者用人的决心和意图，使决策者难辨真伪，产生偏信谗言的心理状态。这样造成的恶劣后果是：

（1）压抑优秀人才，导致员工良莠不分，给兢兢业业、埋头苦干和有魄力、有能力、敢于冲破阻力、开拓进取的人造成伤害。

（2）使组织氛围恶化，抑正纵邪、是非不分、忠奸倒置，好人受气受屈，心术不正之辈弹冠相庆，使组织舆论导向、价值导向偏离正常的组织目标。

（3）损害决策者威信。由于信、纵谗言，决策者的人际圈子会越来越小。

以上几种不良的心理状态是管理者在用人过程中很容易出现的，管理者要努力克服，选拔人才、使用人才时都要出于公心，出于组织的长远利益，出于组织的发展，而不是为了自己或小团体的利益，如此才能为组织发展储备丰富的人才资源。

05

赏罚分明需遵循的原则

有功必赏，有过必罚，赏罚分明，此乃军中要律。管理者用人与之同道，兵法之理，需时刻牢记心中。对有突出贡献者，要及时奖励，尽管他说"这是应该的"，可内心还是盼望着给予奖励的。

赏罚分明，体现了褒扬贬抑，指示了人们行动的方向，强化了正当的进取，弱化错误的选择。赏罚分明，给人以精神上的满足或抑制。它通过奖赏，肯定了人才的劳动价值乃至人生价值；通过惩罚，否定了一些错误行为和消极因素。

赏罚分明并讲究科学方法，必须遵循以下几项原则：

1. 赏罚据实

惩罚与奖励是管理工作的两件利器。但是在做出惩罚决定时，其先决条件是弄清事实。只有事实清楚后的惩罚才能做到掷地有声、又稳又准。管理者必须分清事实与怀疑之间的界限，营造出在大家看来公开、诚实、信任的气氛。我们很少能一眼看出事实的真相，必须学会从不同的角度去看，这样才能掌握真相，如果从单一的角度去看问题，难免会出现偏差。

奖罚分明必须首先弄清事实，不受外界的影响。如果故意误导，带有偏向，不将事实弄清就轻率处罚，不但受到惩罚的人满腹委屈，其他明白真相的人看在眼里，也会替他鸣不平，如此管理者的威信将大受影响。

事实与观点不同，很多人容易将两者混淆。例如，他们喜欢将"某人懒惰""某人没有竞争性"等作为事实。某人很少主动帮助别人是事实，但这并不意味着他就是懒惰者。核心的事实是存在的有形的东西，是实际发生的东西。这些有形的东西可以用确切的语言来描述，也可以用数字来衡量。某人上周迟到了三次，这是事实，但某人总不守时却不一定是事实；某人昨天失去了一批订单是事实，但他干不成任何事情则不一定是事实。

弄清事实，也需要建立一种信任关系。这意味着管理者能准确地判断谁可信，同时也意味着不能以个人的信任和观点来掩盖面前真切的事实。弄清事实才能下定决心是奖是惩，才会有的放矢，才会使人信服。

2. 赏罚得当

惩罚和奖励的目的都是使人更努力地工作。但有时候，由于制度或程序的障碍，惩罚或奖励的目的却难以实现。

一位年轻的工程师想请 3 天假去陪家人郊游，但主管没有批准，因为部门最近工作很忙，工人们每天都要加班，连星期六也不能休息。一天，这位保持最高迟到记录的工程师又晚到了 30 分钟。主管对此十分生气，警告他："如果你再迟到一次，我将让你停职 3 天并扣除工资。"你猜第二天谁迟到了？还是这位工程师！那位工程师听到这一警告，为这一难得的"机会"而沾沾自喜,他终于可以实现郊游的愿望了。于是,第二天他故意去得很晚。如其所料,他被停工3天,扣除3天工资,但他可以出去与家人一起郊游了,满足了自己的需求。那位主管却自以为做得正确,因为他"正确"地维护了管理制度,但部门的工作还是无法按时完成。

以上事例中,管理者按常规办事的做法,造成了惩罚行为与惩罚效果的严重脱节,其敲的警钟最后还是没有敲到实处,反而正中那位工程师的下怀。奖励也是一样,有时也会出现奖励行为与奖励目的脱节的现象。

虽说赞扬与抚慰是经常性的行为,但也应注意不要奖励不应该奖励的事。如果那样,管理者将得不到自己所希望的东西。譬如不慎奖励了一个投机取巧的员工,那么这种投机取巧行为就会被纵容滋长起来。

3. 赏有信,罚必果

"信赏必罚"是管理者应遵循的用人法则,且重点在于及时和适度。立刻施行,大家才会效法或警惕。所谓"适度",就是奖惩的程度要适当。大功大赏,小功小赏;大过严惩,小错薄罚。

在公平的范围内,奖惩才有意义。如果因为私心,小功给大赏,或是大过而薄罚,引起的后果可能比不处置还严重。正如北齐刘昼所说:"一赏不可不信也,一罚不可不明也。赏而不信,虽赏不劝;罚而不明,虽刑不禁。"

4. 功过不抵

赏罚分明,不但指对不同的人该赏则赏、该罚则罚,还指对同一个人的不同事件也应做到该赏则赏、该罚则罚,决不能功过相抵。原因有二:

(1)任何人都有其功,也有其过,如果功过相抵,就容易导致功过混淆,毫无界限。

公元1126年,金兵攻陷宋朝京师洛阳,并将宋徽宗、宋钦宗两个皇帝掳走,北宋灭亡。在金兵的逼迫下,朝廷众官打算立张邦昌为国君,但遭到秦桧等人的坚决反对,秦桧因此也被金人俘虏。秦桧的这个举动称得上是大功，一时受到全国上下的赞誉。可是，秦桧到金国后，一反前态，除了替宋徽宗操刀写乞和书，投靠金人外，还卖国求荣，陷害抗金英雄岳飞，留下万世骂名。此刻，是否能因秦桧有前功而赦其后罪呢？历史做出了公正判决：秦桧罪不可赦。

（2）功过相抵，容易造成特权。

有人因为做出了成绩，或立有功勋而得到一官半职，如果功过可以相抵，各级官吏必享其惠，又加上大权在握、"官官相护"，官僚特权必然更加肆无忌惮，法律、制度、规章在他们面前也必然荡然无存。所以，要做到功过不相抵，必须功过分明、各施赏罚。若有大功于前，按律行赏；又有大过于后，按律施惩。一个大功臣杀害无辜的人和一个地痞无赖杀害无辜的人，应该用同一条法律制裁，杀人偿命，自古皆然。反之，若有大过在前，理应施以惩罚；又有大功于后，也应按律行赏。

"在法律面前人人平等，在纪律面前一视同仁"，以这样的原则来用人，管理者可不因个人情感而行赏罚，赏罚分明，事半功倍。

06

对下属要宽严相济

对于部下和员工，应该如何统御呢？是严还是宽？是刚还是柔？松下的经验是：应该以慈母的手，握着钟馗的剑。也就是说，心怀宽宏，但处理则要严厉、果断，绝不能手软。

上司对于下属，应是平时关怀备至，犯错误时严加惩罚、恩威并施、宽严相济，这样方可成功统御。慈母的手和慈母的心是每一个管理者都应具备的，对自己的部属和员工要维护和关怀，因为他们是你的同路人，甚至是你的依靠，而且只有如此，你才能团结他们，共达目标。

美国威基麦迪公司老板查里·爱伦当选为1995年美国最佳老板，他是靠什么当选的呢？主要是因为他非常关心员工的疾苦，能认真听取公司员工诉说自己的困难和苦恼。一旦员工家中有事，他会给一定的假期，让其处理家事。他能与员工同呼吸、共命运，所以深受员工的爱戴。顾客到他的公司后，看到员工一个个心情愉快，对该公司就产生了信任感，所以公司效益一直很好。

八佰伴公司的和田加津努力创造了一个积极、愉快、向上的内部环境，主要采用爱顾客首先要爱员工的方法。20世纪50年代末，八佰伴拟贷款2000万日元为员工盖宿舍楼，银行以为员工建房不能创造效益为由一口回绝。但是和田夫妇以爱护员工、员工才能努力为八佰伴创利的理由说服了银行，终于建起了当时日本第一流的员工宿舍。

那些远离父母过集体生活的单身员工，吃饭爱凑合，和田总像个慈母一样，每周亲自制订菜谱，为员工做出香喷可口的饭菜。在婚姻上，她也像关心自己的孩子一样关心他们，先后为97名员工作媒，其中有一大半成为八佰伴的双职工。

五月份第二个周日是"母亲节"，和田加津想：远离父母、生活在员工宿舍的年轻人，夜里一个人钻进被窝时，一定十分怀念、留恋父母，于是她专门为单身员工的父母准备了鸳鸯筷和装筷匣。员工家长在"母亲节"收到孩子寄来的礼物后非常高兴，不仅对他们的孩子，也对公司表达了谢意。一些员工边哭边说："父母高兴极了！我知道了，只有让父母高兴，做子女的才最高兴。"

为了加强对员工的教育，除每天班前会之外，和田每月还定时对员工进行一次实务教育。实务教育中的精神教育包括创业精神、忠孝精神、奉献精神等。和田认为孝敬父母是与别人和睦相处的基础，对父母的诚心能变成服从上司的领导，所以他总是教育员工要尊重、热爱自己的父母。

　　对待下属在宽容的同时还必须严厉，这种严厉基于人类的基本特性。松下认为，一部分人不需要别人的监督和责骂，就能自觉地做好工作，严守制度，不出差错。但大多数人好逸恶劳，喜欢挑轻松的工作，捡便宜的事情，只有当别人在后头常常督促，给他压力，他才会谨慎做事。对于这种人，就只能严加管教，一刻也不放松。松下认为，经营者在管理上宽严得体是非常重要的，尤其是在原则和制度面前，更应该分毫不让，严厉无比，对于那些违犯了条规的，就应该举起"钟馗剑"狠狠地砍下，绝不姑息。松下说："上司要建立起威严，才能让部属谨慎做事。当然，平常还应以温和、商讨的方式引导部属自动自发地做事。当部属犯错误的时候，则要立刻给予纠正，并积极引导他走向正确的路子，绝不可敷衍了事。所以，一个上司如果对部属纵容过度，工作场所的秩序就无法维持，也培养不出好人才。换言之，要形成让职工敬畏课长、课长敬畏主任、主任敬畏部长、部长敬畏社会大众舆论的氛围。如此人人才能严于律己，才能建立完整的工作制度，工作也才能顺利开展。如果太照顾人情世故，反而会造成社会的缺陷。"

　　"无论用人或训练人才，都要一手如钟馗执剑，另一手却温和如慈母，做到宽严得体，才能得到部属的崇敬。"这是松下的管理经验。

　　当员工的工作表现逐渐恶化之时，敏感的主管必须寻找发生的原因，如果不是有关工作造成的，那么很可能是员工的私人问题在打扰他的工作。有些主管对这种现象不是采取"这不是我的责任"的态度忽视它，就是义正词严地告诫员工要振作起来，否则就卷铺盖走人，还有些主管则一味地规范员工而不针对问题的核心。

　　无论如何，如果主管希望员工关心公司，那么就要首先关心员工的问题，包括他的私人问题。因此，前一段所述的处理方式虽说简便易行，但是无法改善员工的表现。较优的方法应该是与员工讨论，设法帮助他面对问题，处理问题，进而改进工作表现。

07

用人以诚才能使人心一致

如何将企业治理好，一直是领导者思考的问题。很多企业的成功经验表明，要治理好企业，必须广泛网罗人才，并以诚心对待人才。

台湾台塑集团董事长王永庆的成功令人们很感兴趣，当被问及创造亿万财富的秘诀时，王永庆答道："我啊，其实长得也不英俊，最要紧的是以诚待人。如果你没有诚意，你周围的人迟早都会离开你。一个企业不只是靠一个人，是靠大家的。单单你一个人，再有能力也没有用。历史上项羽力能扛鼎，非常能打仗，但最后还是失败了。这就告诉你，一个人再有魅力，也成不了事。你要以诚待人，有好的管理，有好的人员，有好的制度，每个人都帮助你，你就一定能成功。"

《战国策·燕策》记载：燕国国君燕昭王（公元前311—前279年）一心想招揽人才，而很多人认为燕昭王仅仅是叶公好龙，不是真的求贤若渴。于是，燕昭王始终寻觅不到治国安邦的英才，整天闷闷不乐。

后来有个智者郭隗给燕昭王讲了一个故事，大意是：有一位国君愿意出千两黄金去购买千里马，然而时间过去3年了，始终没有买到。又过去了3个月，好不容易发现了一匹千里马，当国君派手下带着大量黄金去购买时，马已经死了，可被派出去买马的人却用500两黄金买来1匹死了的千里马。国君生气地说："我要的是活马，你怎么花这么多钱弄1匹死马来呢？"

国君的手下说:"你舍得花500两黄金买死马,更何况活马呢?我们这一举动必然会引来天下人为你提供活马。"果然,没过几天,就有人送来了3匹千里马。

郭隗又说:"你要招揽人才,首先要从招纳我郭隗开始,像我郭隗这种才疏学浅的人都能被国君任用,那些比我本事更强的人,必然会闻风千里迢迢赶来。"

燕昭王采纳了郭隗的建议,拜郭隗为师,为他建造了宫殿,没多久就引发了"士争凑燕"的局面。投奔而来的有魏国的军事家乐毅,有齐国的阴阳家邹衍,还有赵国的游说家剧辛等。落后的燕国一下子便人才济济了。从此以后,一个内乱外祸、满目疮痍的弱国,逐渐成为一个富裕兴旺的强国。

管理之道,唯在用人。人才是事业的根本。杰出的管理者应善于识别和运用人才,只有做到唯贤是举、唯才是用、用人以诚,才能在激烈的社会竞争中战无不胜。

08

区别对待不同性格的下属

所谓性格,是指人对客观现实的态度,以及在与之相适应的惯常的行为方式中所表现出的人格特征。性格对一个人的生活和为人处世有很大影响。性格表现为一个人对现实和周围世界的态度,并表现在他的行为举止中,体现在对自己、对他人、对事物的态度和所采取的言行上。性格是一个人个性的核心，它直接影响到人的行为方式，进而影响到人际关系及工作效率。性格决定一个人的思维方式，思维方式决定一个人的处世方法。

身为管理者不能忽视下属的性格问题，只有了解了他们的性格，才能采取正确的对策，以理服人。

因此，在管理过程中，根据人的性格采用不同的管理方式是提高管理水平的重要手段。

三国时期，诸葛亮作为一个管理者，对下属的性格可谓了解得极其透彻，他能针对不同的下属采取不同的对策，所以能让所有下属都心服口服。关羽骄傲自大，诸葛亮在华容道之战前，利用他的自大、自傲，使其立下军令状。其后，关羽果然如诸葛亮所料，放走了曹操。他也从此对军师诸葛亮更加信服。

而张飞，性格鲁莽、脾气暴躁。诸葛亮对这个莽汉则采取激将法，往往激得张飞不惜生命南征北战，取得一个又一个胜利。事后，张飞对诸葛亮也是心服口服。孟获有少数民族的特点，淳朴但又勇猛无比。对待这样的人，诸葛亮则采用了攻心战术。七擒孟获，使孟获由衷地佩服诸葛亮，从此对他、对蜀国死心塌地。

作为管理者，面对有着不同秉性的下属，一定要懂得去了解、把握他们的性格，才能据此采取不同的对策，把具有不同性格和特长的下属放在不同的位置上充分发挥他们的才能。

管理者在工作中要善于观察下属，努力洞悉下属的想法、欲求，真正发现下属的潜质，只有抓住这一点，才能用好下属。

一个人才的性情是天生的，但作为管理者，却要"巧夺天工"地运用他，使之既显其能，又避其短。以下是10条用人经验：

第一条，性格刚强却粗心的下属，不能深入细致地探求道理，他在论述大道理时，显得广博高远，但在分辨细微的道理时就失之于粗略疏忽。此种人可委托其做大事。

第二条，性格倔强的下属，不易屈服退让，谈论法规与职责时，他能约束自己并做到公正，但说到变通，他就显得乖张顽固，与他人格格不入。此种人可委托其立规章。

第三条，性格坚定又有韧劲的下属，喜欢实事求是，他能把细微的道理揭示得明白透彻，但涉及大道理时，他的论述就过于直露单薄。此种人可让他办具体的事。

第四条，能言善辩的下属，辞令丰富、反应敏锐，在推究人事情况时，见解精妙而深刻，但一涉及根本问题，他就说不周全且容易遗漏。此种人可让他做谋略之事。

第五条，随波逐流的下属不善于深思，与人相处时，能做到有豁达的胸怀，但是要他归纳事情的要点时，易失于散漫，说不清楚问题的关键所在。这种人可让他做低层次的领导工作。

第六条，温柔和顺的下属缺乏强盛的气势，他去体会和研究道理会非常顺利通畅，但要他去分析疑难问题，就会拖泥带水，一点也不干净利索。这种人可委托他按上级意图办事。

第七条，宽宏大量的下属思维不敏捷，谈论精神道德时，他知识广博、谈吐文雅、仪态悠闲，但要他紧跟形势，他就会因行动迟缓而跟不上。这种人可用他去带动下属的行为举止。

第八条，标新立异的下属潇洒超脱，喜欢追求新奇的东西，在制订锦囊妙计时，他卓越的能力就显露出来了，但要他按部就班地做事，却会发现他办事不合常理又容易遗漏。

第九条，思想浅薄的下属，不能提出深刻的问题，当听别人辩论时，由于思考深度有限，他很容易满足，要他去核实精微的道理，他又犹豫而没有把握。这种人不可大用。

第十条，性格正直的下属的缺点在于好斥责别人且不留情面；性格刚强的人的缺点在于过分严厉；性格温和的人的缺点在于过分软弱；性格耿直的人的缺点在于过分拘谨。这四种人的性格缺点都要主动加以克服，所以可将他们安排在一起，借以取长补短。

金无足赤，任何人都难免有些小毛病，管理者对人才不可苛求完美，只要无伤大雅，何必过分计较呢？最重要的是发现他最大的优点，以及能够为企业带来怎样的利益。

事实上，许多人拥有优厚的潜能，只是性格上有些缺点。如果身为管理者的你能适当地安排，使他的缺点变成优点，就可以充分发挥他的潜能。因此，做上司的了解下属的性格，并做出适当的调配是不能马虎的。如果忽视下属的性格，勉强他们做不适合的差事，结果受挫折的将是上司。

虽然与有"问题"的下属在沟通和相处方面会有困难，但作为领导者，必须在可能的范围内，尝试了解他们的性格，并进行因人而异的管理，而且要牢记这项工作是非常需要时间和讲究方法的，不可操之过急，否则将会适得其反。

第二章
与下属建立良好的信任关系

信任是管理走向成功的第一步。要相信下属是忠诚的,相信彼此之间是精诚合作的,这对于管理工作有百利而无一害。信任的力量是无穷的,身为公司或单位的管理者,应充分信任下属的能力,否则,纵然自己做到累死,公司也难有大发展。

信任,不能仅放在口头上,更要把它牢记于心,落实到行动上,这才是一个管理者的英明之举。

与下属建立良好的信任关系,是管理者试图达到的一种理想的用人状态。所谓"用人不疑,疑人不用",讲的就是这个道理。

01

用人不疑,疑人不用

中国有句俗话:用人不疑,疑人不用。这也是知人善任的一项原则。你应该毫无猜疑地信任你的下属,这样才能使他们忠实真诚地为你效力,才能使他们负起应负的责任。

宋代欧阳修曾说："夫用人之术，任之必专，信之必笃，然后能尽其才而可共成事。"他强调的就是管理者在用人时不能三心二意，而要一心一意地信任之。《金史·陈起传》言道："疑则勿任，任则勿疑。"这句话是说：有怀疑就不要任用，任用了就不要去怀疑。这也是用人的一条重要准则。

战国时，魏国的国君魏文侯打算发兵征讨中山国。有人向他推荐了一位叫乐羊的人，说他文武双全，一定能攻下中山。可是有人又说乐羊的儿子乐舒如今正在中山国做大官，怕乐羊不肯下手。后来，魏文侯了解到乐羊曾经拒绝了儿子奉中山国君之命发出的邀请，还劝儿子不要跟荒淫无道的中山国君跑。魏文侯于是决定重用乐羊，派他带兵去攻打中山国。乐羊带兵一直攻到中山国的都城，然后就按兵不动，只围不攻。几个月过去了，乐羊还是没有攻打，魏国的大臣们议论纷纷，可魏文侯不听谗言，并不断地派人去慰问乐羊。一个月后，乐羊发动攻势，一举攻下了中山国的都城。魏文侯亲自为乐羊接风洗尘，宴会结束之后，魏文侯送给乐羊一只箱子，让他拿回家再打开。乐羊回家后打开箱子一看，里面全是自己攻打中山国时大臣们诽谤自己的奏章。

如果魏文侯听信了别人的话而沉不住气，中途对乐羊采取行动，那么不仅自己托付的事无法完成，而且双方的关系也无法维持下去了。信人之术，其精要就在于此。相反，明代亡国之君朱由检为人猜忌多疑，最典型的事例就是他听信谗言，疑忌著名将领袁崇焕谋反，将其错误斩杀，导致明军军心动荡而又朝中无将，无人抵挡清兵进犯，于是明朝很快就分崩离析了。由此，用人不信的危害可见一斑，管理者一定要吸取教训，切勿犯同样的错误。

领导者用人时应该坚持"用人不疑，疑人不用"的原则，既然用了，就要给予其绝对的信任，给予广阔的空间，使其人尽其才。这是因为人都有自信心、成就感，都抱有通过自己的努力去做好某件事情的心情和愿望。用人不疑，施以信任，可以给人巨大的精神鼓舞和无形的力量。苏联教育学家马卡连柯将信任人作为一个管理教育原则，并圆满地取得了实验研究成果。他曾把一张金额较大的支票交给一个正在改造的青年去直接领取，他信任这个青年，从而获得了这个青年的信任，青年完成了领款任务。当然，这种信任不是盲目的、无根据的，而是经过仔细观察和审慎选择的。由此可见，信任别人的人才能得到别人的信任。有些管理者在用人时嘀嘀咕咕、将信将疑、顾虑重重，这是不符合用人原则的。

用人不疑，疑人不用是对立统一的。所谓用人不疑，是指既用之就充分信任；疑人不用则指对于信不过的人，坚决不予任用。在现实中，疑人不用容易做到，而用人不疑对许多管理者来说都是一道难关。要做到用人不疑，管理者必须有着宽广的胸怀、长远的眼光以及极大的勇气和自信。

信任是管理者走向成功的第一步。要相信下属是忠诚的，相信彼此之间是精诚合作的。这对于管理工作有百利而无一害。

02

重用是奖励，信任易胜任

日本管理学家秋尾森田提出，如果把很重要的职责搁在年轻人的肩头，即使没有头衔，他也会因觉得自己前途无量而努力工作。这也就是说，重用即是奖励，信任才易胜任。

信任是一种复杂的社会与心理现象。信任是合作的开始，也是管理的基石。一个不能相互信任的团队，是一个没有凝聚力的团队，是一个没有战斗力的团队。信任员工，有着重要作用：

第一，信任能使员工互相包容、互相帮助，易于形成团队精神以及积极的情感。

第二，信任能使每个员工都感觉到自己对他人的价值和他人对自己的意义，从而满足员工的精神需求。

第三，信任能有效提高合作水平及和谐程度，促进工作的顺利开展。让员工承担更重要、更高级的工作，对于企业的发展意义重大。

20多岁的刘哲是一家规模不大的食品公司的销售主管，他在此岗位上一干就是5年。5年来，他工作认真，好学上进，偶尔还创新一下销售技能，销售业绩连年第一，深受老总的赏识。老总决定让他去深造一下，目的是给他更多的压力和机会，就以公司的名义给他在某大学报了一个在职MBA的培训课程。由于培训中接触的都是一些大企业的高级管理人才，学习机会较多，刘哲的眼界得到了很大开阔，企业管理水平和销售理念提高很多。回到公司，他先在自己的小团队里创建了一个学习小组，使之成为一个积极进取的团队。接下来的一年，这个小团队创造了奇迹，公司的销售规模扩大了一倍多。目前，公司已经是沃尔玛、华联等大型超市集团的优质供应商，销售规模扩张到全国20多个省份。

一个有远大抱负的企业，其未来在年轻一代的管理者身上，在把握时代脉搏的年轻人身上。如果你希望在未来的竞争中占据制高点，着手培养年轻管理者一定没有错。

03

不信任是最大的浪费

在软件大国爱尔兰，各软件公司都变控制管理为信任管理，公司向员工提供更多的价值观的满足而不仅仅是物质上的满足。

在沃尔玛，每一位管理者都用上了镌有"我们信任我们的员工"字样的纽扣，这正是沃尔玛从一家小公司发展成为美国最大的零售连锁集团的秘诀之一。

要搞好现代企业，就要把信任作为企业最好的投资。信任是未来管理文化的核心，代表了先进单位的未来发展方向。著名的日本松下集团，其商业秘密从来不对员工保密，他们在新员工上班的第一天，就对其进行毫无保留的技术培训。有人担心，这样可能会泄露商业秘密。松下幸之助却说，如果为了保守商业秘密而对员工进行技术封锁，员工会因没掌握技术而生产更多的不合格品，加大单位的生产成本，其负面影响比泄露商业秘密带来的损失更为严重。而对以脑力劳动为主的单位（如软件业）而言，其生产根本无法像物质生产那样被控制起来，信任也是此类企业唯一的选择。

相反，如果对员工不信任，将会增加较多的管理成本，企业就会为不信任付出很高代价。不信任的直接后果是听不到团体中的创造性意见，甚至可能降低企业的生产能力。一旦消除不信任，工作就会明显改观。在把不信任转变为信任的过程中，管理者的作用十分关键。

在大多数单位里，管理者可能认为下属通常只会用躲避或抵制来回应不信任，但实际上不信任还会一级一级地往下传。由于害怕上司惩罚，有人会不信任自己的下属。许多会议因不信任而不欢而散，员工的精力差不多都用于维护自己的尊严，并以不信任回报不信任，这种状况对业绩的改进没有任何帮助。

克服不信任、消除否定态度和打破僵局的办法是：承认和尊重员工提出的每一个想法；不加挑剔地倾听意见，把每个想法都写在图表上；鼓励与会的每个人都提出意见——不只是地位较高的人；促使大家敢想敢干，不因某种条件限制而停滞不前。克服不信任的关键在于始终抱赞成态度，促使员工们将精力放在问题的解决上，并使之意识到自己的行为会对企业的业绩产生直接影响。唯有如此，员工们花在不信任和回报不信任上的巨大精力，才可能用于发明新产品、解决新问题和采用新方法，并用以做出周全的决定。如果能使工作场所摆脱不信任，工作的局面会立刻有所改观。

04

调动下属的全部积极性

J.C. 朋尼公司创始人詹姆斯·朋尼说："领导最可靠的自杀途径就是固执地不去学习如何授权、何时授权及授权给什么人。从员工角度而言，授权蕴含着更大的信任和更多的机遇，更意味着挑战。它犹如兴奋剂，能振奋人的精神，更似一粒火种，能点燃人们内心那把渴望燃烧的火把。"

授权，用一句通俗易懂的话来说，就是管理者将应属于下属的权力授给下属。授权是管理者应该掌握的一项基本的管理技能，是信任下属能力的表现。

授权是一种重要的用人艺术，是分层管理的需要，是成就事业的必要手段。美国管理学家史蒂文·希朗说，一个成功的老板应该懂得"一个人权力的应用在于让其他人拥有权力"。

大胆授权对管理者来说，既是必要的，也是有利的，它可以使管理者从琐碎的日常事务中解脱出来，专心处理全局性的重大问题；也可以提高下属的工作积极性，增强其责任心，发挥其特长，提高其工作效率。可见，管理者学会放权任人有着极为重要的意义，如果管理者事必躬亲，权无大小全都由自己一人掌握，恐怕即使有三头六臂也应付不过来。

丽晶酒店享有盛誉不只是因为它在全球拥有众多的连锁旅馆，更是因为它拥有一流的服务品质。同时，丽晶酒店还有一项为人津津乐道的策略运作。比如，某位顾客住进一家丽晶酒店，发生了令他不满意的事情，不论是房间里的小酒吧不断散发的臭味还是其他问题，只要他探出头对走廊上的服务员发出抱怨，所有服务员都会给他同样的回应，这是因为每一位旅馆的工作人员都可以像老板那样去处理他的抱怨。

丽晶酒店的经营理念是："让人人成为老板。"在丽晶酒店，工作人员做事时不需要向上级请示，不必请教经理，也不必翻阅工作守则，他们直接分析问题，并用适当的方式加以处理。他们每个人都拥有一笔酒店提供的预算，授权他们处理顾客的抱怨。这笔不少于500美元的预算可以立即启用，不需要开支票。

另外，如果酒店中小酒吧很脏，他们会立即派人来清理，倒一杯表示敬意的酒，然后免费赠送一听饮料，旁边再摆上一盘水果，补偿对顾客造成的不便。

丽晶酒店员工的这种行为就是经过授权的，目的在于让事情得到顺利解决。这种做法将员工视为解决问题的钥匙，要求员工不仅做好自己分内的工作，还必须自己决定用哪一种方式把工作做好。所以，放手让你的下属去施展才华吧，只有当他确实违背工作的主旨时，你才需出手干预，将他引上正轨。只有将下属的积极性全部调动起来，你的事业才能迅速获得成功。

领导者在用人时，要做到既然给了下属职务，就应该同时给予与其职务相称的权力，不能大搞"扶上马，不撒缰"，处处干预，只给职位不给权力。

在这方面做得最出色的是齐桓公的"凡事问管仲"。

有一次，晋国派使者晋见齐桓公，负责接待的官员向齐桓公请示接待的规格。

齐桓公只说了一句话："问管仲。"

接着，又来一位官员向齐桓公请示政务，他还是那句话："问管仲。"

在一旁侍候的人看到这种情形，笑着说："凡事都去问管仲，照这么看来，当君主蛮轻松的嘛。"

齐桓公说："像你这样的小人物懂什么呢？当君主的辛辛苦苦网罗人才，就是为了运用人才。如果凡事都由君主亲自去做，一则不可能做得了，再则就糟蹋了苦心找来的人才了。"

"管仲是我花那么多的心血才找到的人才，"齐桓公接着说，"既然交付给他处理，齐国就安泰，我就不应该随便插手。"

网罗人才是一件很辛苦又费力的事，得到真正的人才很不容易，一旦得到贤良而忠心的人才辅佐，国家就会兴旺安泰，要放手让人才去发挥自己的才干，身为管理者，就不要随便插手干预。正是因为齐桓公的贤明，再加上管仲的大力辅佐，不久之后齐国就跃居春秋五霸之首。

管理者用人只给职不给权，事无巨细都由自己定调、拍板，实际上是对下属的不尊重、不信任。这样，不仅使下属失去独立负责的责任心，还会严重挫伤他们的积极性，难以使其尽心尽力，到头来工作搞不好的责任还得由管理者来承担。

授权不只是单纯的表面行动，更要引发个人的责任感，让事情做得好且正确。凡是高明的领导者，无不精于授权。刘伯承同志历来强调各级干部要"执事者各执其事"，他最反对两种做法：一是领导者"包打包唱"，不注意发挥下级和群众的积极性；二是工作"踢皮球"，自己不动手，专叫别人干。他在主持军事学院工作时就提出了"集体领导，分工负责"；"共同学习政治，各自钻研业务"；"机关横宽纵短，单刀直入基层"三个口号。美国前总统里根也非常精于授权之道，曾对美国《幸福》杂志记者说"让那些你能够物色到的最出色的人在你身边工作，授予他们权力，只要你制定的政策在得到执行就不要去干涉。"

05

松开比握紧拥有更多

　　授权，简单地说是指分配工作时赋予下属相应的权力，准许下属在一定范围内调度人力、物力和财力，允许下属在工作中自行做出决定，以较好地完成任务。有些管理者过于重视自己，不仅认为别人不如自己有责任感，也认为大家不如自己有能力，事事都亲力亲为，以致轻重缓急不分，其结果只能是"枉费心机却于事无益"。

　　戴尔电脑公司创始人迈克尔·戴尔在创业之初，由于经常加班赶活，加上他刚离开大学，习惯了晚睡晚起，因此经常睡过头，等他赶到公司时，经常看见二三十名员工在门口闲晃，等着他开门进去。

　　刚开始戴尔不明白发生了什么，好奇地问："这是怎么回事？你们怎么不进去？"

　　有人回答："老板，你看，钥匙在你那儿，我们进不了门！"

　　戴尔这才想起公司唯一的钥匙正挂在自己腰间，平时都是他到达后为大家开门。

从此，戴尔努力早起，但还是经常迟到。

不久，一个职员走进他的办公室报告："老板，卫生间没有卫生纸了。"

戴尔一脸不高兴："什么？没有卫生纸也找我！"

"存放办公用品的柜子的钥匙在你这儿呢？"

又过了不久，戴尔正在办公室忙着解决复杂的系统问题，有个员工走进来，抱怨说："真倒霉，我的硬币被可乐的自动售货机'吃'掉了。"

戴尔一时没反应过来："这事为什么告诉我？"

"因为售货机的钥匙你保管着。"

戴尔想了想，决定放权，不能再事无巨细一把抓了。他把不该拿的钥匙交给专人保管，又专门请人负责其他部门。公司在新的管理方法下变得井井有条。

《授权金典》中说："一个领导者，如果不知如何授权，下场是活活累死；如果不知何时授权，会被活活气死；如果不知授权给什么人，肯定会被活活急死。"

如果你坚信"我个人就代表企业"；如果你事无巨细，凡事都要亲力亲为；如果你独揽大权，不予人任何权力……那就表明你犯了管理的大忌。管理者若想事事亲力亲为，不仅做不到，而且还会把事情搞乱搞坏。权力就像沙子，握得越紧流失得越多。放弃控制全部，抓住要点反而能更好地控制。只要你适当授权，下级就会拼死为你效力。

本田宗一郎是日本著名的本田汽车公司的创始人。他对日本汽车和摩托车业的发展做出了巨大贡献，曾获日本天皇颁发的"一等瑞宝勋章"。

但没有人是十全十美的，宗一郎也曾因没有掌握好权力的辨证法而犯过错误。

一次，在本田技术研究所内，大家为汽车内燃机是采用"水冷"还是"气冷"技术发生了激烈争论。

最后，宗一郎以自己社长的权力要求采用"气冷"技术。

结果，在一次比赛中，一名车手驾驶本田公司的"气冷"式赛车参赛，由于速度过快，赛车撞在围墙上导致油箱爆炸，车手不幸身亡。

此事导致本田"气冷"式汽车销量大减。

之后本田技术人员再次要求研究"水冷"式，但仍然被宗一郎拒绝。一气之下，几名主要技术人员准备辞职。

本田公司的副社长藤泽感到事态严重，就打电话给宗一郎："您觉得您在公司当社长重要还是当一名技术人员重要？"

"当然是当社长重要。"

藤泽毫不留情地说："那就同意他们去搞水冷引擎。"

宗一郎终于醒悟过来，不再犹豫地说："好吧！"

后来，那几个主要的技术人员开发了适应市场的产品，公司产品销量大增。

虽然宗一郎起初用权力压人，坚持己见，但最终还是改变了自己，松开了紧握权力的双手。

管理者如果适当地授予他人权力，对方就会心存感激，给予管理者更大的回报。管理者在掌握权力时，应牢记：当你试图抓住所有的权力时，你也许正在逐渐地丧失它；当你试着松开双手，合理分权和授权时，反而能得到更多的权力。

06

授权是管理的精髓

授权是一种重要的领导艺术,是分层管理的需要。适当授权对管理者来说,既是必要的,也是有利的,它可以使管理者从琐碎的日常事务中解脱出来,专心处理全局性的重大问题;还可以提高下属的工作积极性,增强其责任心,发挥其特长,提高其工作效率。凡是高明的管理者,无不精于授权。

我们可以从下面的公式中领悟管理的精髓:管理=决策+授权。

正确的授权有诸多有利之处:

(1)可以减少管理者的工作负担,使管理者集中精力处理更重要、更大的事。

(2)正确的授权是对下属的信任,有利于充分发挥下属的创造性。

(3)正确的授权有利于"发现人才、锻炼人才、培养人才"。

(4)正确的授权有利于团队建设,有利于各级管理者之间、管理者与员工之间的协调、团结。

(5)正确的授权可以避免专断,降低错误决策发生的概率。

授权要诀:

(1)在可能范围内应尽量将工作交付给下属去执行。

(2)管理者对下属可能犯的错误要有心理准备。

(3)授权后管理者应强调下属的工作成效,而不应斤斤计较其开展工作的手段。

（4）授权要分步进行。

（5）管理者不应将授权范围仅限定在机械执行命令上，而应将它扩大到创造性地开展工作上去。

（6）管理者应鼎力支持被授权者制定的措施，并为其承担必要的责任。

（7）除非事先协调，否则管理者不应将两位或两位以上的下属共同履行的工作交付一位下属去履行。

（8）管理者切忌重复授权。

（9）管理者应由简到繁、循序渐进地进行授权。

当被授权者发生疑难时，管理者不能只告诉他解决办法，而应帮他寻找解决办法。

（10）管理者不应姑息被授权者的"反授权"行为，即允许被授权者在工作未做妥之前将工作掷回。

（11）管理者在授权后应对被授权者的工作进行必要的跟踪指导。

在授权过程中，还要注意防止出现下面三种情况：

1. 把授权当成推卸责任的"挡箭牌"

现实中有些管理者不知"士座犯罪，过及主帅"的道理，错误地认为，授权后，事情自有被授权者全权负责，管理者就"无官一身轻"了。须知，管理者授权时固然必须彻底，但对于授权后部属所做的一切事情仍要承担起责任。

2. 又授又不授

所谓又授又不授，是指管理者在授权时总放心不下，对部下有疑虑，经常干涉被授权者，阻碍权力的正常行使，结果使得下级很被动。还有的管理者授予下级的权力与下属所负的责任很不相称，使下级面临"责大于权"的状况。如有一位厂长委托一名工程师去与外商谈判，却不授予其最终"拍板"的权力。

3. 越级授权

管理者不可把中间层的权力直接授给下属，这样做会造成中间领导层工作上的被动，扼杀他们的工作积极性，造成上下级关系紧张，久而久之将形成"中层板结"。如果出现中层领导不力的情况，领导者要采取机构调整或者人员任免的办法予以解决。授权只能逐级进行，切不可越级。

07

成功授权的六个技巧

授权作为一种管理艺术，有许多技巧。

1. 带责授权

授权要明确下属的责任，这就是带责授权。明确地将权与责同时授予下属，既可以促使下属完成工作，又可以堵住有权不负责或滥用权力的漏洞。

带责授权，首先应交代权限的范围，其目的是为了让下级正确地行使自己的职权，更好地实现授权目的。管理者带责授权时，要注意不能授出最终权力和责任。管理者当然要明确自己的职责范围，凡是属于自己职权范围的事、事关组织的全局性问题，比如管理全局的集中指挥权、总的经济预算审批权等，决不可轻易授权。也就是松下所说的："大事和小事由我处理。不大不小的事可以安排别人做。"

另外，如要把同一方面或系统的工作，向两个或两个以上的人员授权，记住，责任要落在其中一人身上，让其中领受较高权力的那个人承担责任。

这样可使下属各司其职、各守其位、各负其责，避免发生争功诿过和扯皮现象。

2. 适当授权

授权要适当，对下属的授权既不能太轻，也不能太重。太轻，就无法充分激发下属积极性，下属很难尽职尽责；太重，又会造成大权旁落，使局面难以收拾。下级的权力一旦超出了合理范围，制度法规就无法顺利贯彻执行。

以下是可授权与不可授权的内容：

可授的权力包括——

（1）日常工作和活动；

（2）收集事实资料；

（3）监管某一项目；

（4）以代表身份出席会议；

（5）某些特定领域中的决定；

（6）准备报告；

（7）需要技术能力去解决的问题。

不可授的权力包括——

（1）计划；

（2）人事问题；

（3）发展培养下属；

（4）任务的最终职责；

（5）没有合适的下级能承担的工作；

（6）在部门中维护纪律和规章制度；

（7）解决部门内部冲突。

适当授权意味着要根据下属的承受能力进行授权，所授的工作量不要超过被授权者的能力、体力所能承受的范围。授权者应该向被授权者明确所授事项的目标、任务、职责和范围。授权如果没有明确的目标职责，被授权者将无所适从，整个组织就会失去战斗力，甚至会出现混乱。有的权力尽管很轻，但也不能把权力一股脑儿全部下放，弄得下属顾此失彼、手足无措。

适当授权还意味着要视组织大小、任务轻重、业务性质进行授权。单位大、任务重、工作距离远、专业性强的多授权；反之，则少授权。

3. 保留控制权

授权既要适当，又要可控。权力管理的核心之一正是控制。正确的授权，不是放任不管，而是保留某种控制权，并通过这种控制权，把管理者与下属有机地联系起来。失控的授权是弃权。可控性表现在两个方面：一方面，管理者拥有主动性、灵活性，授权的范围、时间由管理者灵活掌握；另一方面，虽然授权应相对稳定，但也可根据实际需要随时调整，做到能放能收、能扩大能缩小。

美国通用电气公司在不同时期采用过不同的权力管理方式。1971年，他们在原有的事业部内设立了一个独立的"战略事业单位"。在事业部内，它可以挑选某些产品进行单独管理，可以制订有关产品、销售、设备和组织的战略计划。它既可以与集团组织平起平坐，也可以拥有相当于分部的权力。7年后，公司又实行"执行部制"，在原先事业部的基础上又加了一级管理，等于是收拢了一些权力。在权力管理方式的变化中，公司最高管理层始终牢牢把握着控制权。

4. 坚持信任原则

授权前，管理者应先全面了解和考察将被授权的下属，看他是否适合担负这一职权。考察的方式多种多样，可以让他先当助理或其他"代理职务"，试用一段时间，借机考察他是否合适，然后再决定是否可以授权。经考察认为可以授权的，应将需授的权力一次性授予。

干部特别是知识分子，大多有较强的自信心和自尊心，有成就感和荣誉感，有通过自己的努力去完成某项工作或某种事业的心情和愿望。管理者应充分信任他们，授权之后放手让他们在职权范围内独立地处理问题，创造性地工作。对他们的工作除了必要的管理和检查之外，不要指手画脚、随意干涉。

信任人、尊重人，可以给人以巨大的精神鼓舞，激发其事业心和责任感。上级信任下级，下级才会信任上级，信任会产生一种向心力，使管理者和被管理者和谐一致地工作。相反，当一个人不被尊重、信任时，他的自尊心就会受到伤害，会本能地产生一种离心力和强烈的情绪冲动，会影响工作和同事关系。

授权与信任密切相关。一个管理者如果不相信下级，就很难授权于下级，即使授权了，也形同虚设。有的管理者虽授权于下级，却又不放心，担心下属不能胜任，怕他以后犯错误，怕有才干的人不服管，不是越俎代庖，就是越权指挥，或是不懂装懂地干涉下级的具体业务，甚至听信谗言，公开怀疑下级等。凡此种种，都会挫伤下级的积极性，不利于下级创造性地开展工作。

5. 集中指挥权

授权的目的是为了让下属分担更多的责任。授权后，管理者应尽力发挥自身的统率综合才能，协调各方面力量，保证各部分的发展更好地服从于全局目标。管理者要把最大限度地向下级授权与充分掌握指挥全局的权力统一起来，严禁随意下放有关全局的最后决策权、管理全局的集中指挥权、主要部门的人事任免权和财务权。否则，管理对整个组织系统就会失去控制，导致另一种失责。高明的管理能做到"大权独揽，小权分散，不离原则"。怎样处理大权与小权、集权与分权的关系，能显示出主管人员授权水平的高低。

6. 定期考核

主管人员在权力授出后，还要留心定期对下属进行考核，对其用权情况做出实事求是、恰如其分的评价，并将考核结果与下属的各种利益紧密联系起来。考核不能急于求成，也不能求全责备。考核既要看工作的质量，又要看工作态度是否扎扎实实、认真细致，还要看工作是否有实效；既要看近期的业绩，又要看远期的业绩；既要看整体，还要看局部。同时，不能肯定近期得实惠、长远招灾祸的工作。工作有失误，只要不是下属故意为之，就要耐心帮助下属纠正改过。

总之，授权事关"管理气候"的形成。灵活运用上述六个技巧，可以形成良好的管理氛围。

第三章
人事管理是最重要的管理

管事容易管人难。管理者如果自身没有过硬的真本领，就无法让员工服从自己的管理，甚至最终难以坐稳自己的位置。

01

事业发展靠人才

对于人才，有两种基本态度。一种是妒贤嫉能。持这种态度的人，看到别人能力比自己强时，心里就不舒服，总是想方设法压制人才，甚至不择手段加以迫害。有人告诫说，如果在这种人的管理下工作，想要保住饭碗的话，千万不要表现得比他能干，否则离"卷铺盖走人"就为时不远了。当然，这里也不是人才成就事业的地方，走，也可能是上策。另一种是尊重人才。持这种态度的人，视人才为宝中宝，求才心切，能够惜才、护才、用才。他不把人才与自己做比较，而把人才与事业做比较，认为事业需要人才，人才也需要事业，靠人才发展事业。

德鲁克认为，左右企业命运的不是企业家本人，而是企业是否有足够的人才。雄厚的人才储备是企业持续发展的关键，人才能给企业带来源源不断的生命力，只要人才不失，再大的困难都能扛过去。

美国西南航空公司的创始人赫布·凯莱赫的管理信条是："更好的服务＋较低的价格＋雇员的精神状态＝不可战胜。"西南航空公司的发展并不是一帆风顺的，公司成立不久，就遇到财政困难。

当时，凯莱赫面临两个选择：要么卖掉飞机，要么裁减雇员。在这种状况下，整个公司人心惶惶。公司只有 4 架飞机，这可是公司的全部经济来源啊！赫布·凯莱赫的做法却出人意料，同时也让所有员工大为感动：他决定卖掉这 4 架飞机中的 1 架。

"虽然解雇员工在短时间内可使我们获得更多的利润，但我不会选择这样做。"他说，"激励员工努力工作的最重要的方法之一，就是让员工感到前途安全。任何时候，我都会将员工放在第一位，这是我管理法典中一个最重要的原则。"

善待员工自然能激发员工对工作的热爱。公司要求雇员在 15 分钟内准备好 1 架飞机，员工都很乐意遵守，没有一个人有怨言。在西南航空公司，雇员的流动率仅为 7%，是美国国内同行业中最低的。凯莱赫对此感到非常自豪。

"我希望自己的员工将来与他们的子孙辈交谈时，会说在西南航空工作是他们一生中最美好的时光。他们的人生在这里获得了飞跃。这也是对我们工作的最大褒奖。"凯莱赫如是说。

在短短几十年内，西南航空公司从成立之初的 4 架飞机、70 多名员工，发展到如今拥有 375 架飞机、3.5 万名员工、年销售额近 60 亿美元的规模，成为美国第四大航空公司。西南航空公司短期内迅速崛起与其独特的企业文化分不开。

人才是公司最大的财产。孙子说："夫将者，国之辅也。"意思是说："将帅是国家的左膀右臂。"将帅左右着国家的命运，是国家最宝贵的资源。一个国家尚且如此，企业更是如此。

西周时代，代行天子大权的周公，权势极大，但他求贤若渴，只要有人才求见，都立即接见，哪怕正在洗头、吃饭，也要握住头发、吐出饭粒，去接见来人，生怕怠慢了人才。唐朝盛世，与尊重人才不无关系。唐太宗李世民，在开创大唐帝国的事业中，团结、任用了许多人才。

三国时期的风云人物曹操十分尊重人才。除尊重许攸外，曹操重视魏仲的故事也让人刮目相看。曹操最初推举魏仲为孝廉，魏仲后来却参加了叛乱，曹操把他俘获后，因重其才又委之以河内太守。为此，魏仲感恩戴德，在以后管理整个河北军政大事中立下功劳。官渡之战中，曹操俘获了袁绍许多部下，他不仅不杀他们，还极力收揽、拉拢，甚至为他们开脱或隐藏罪过，尽量安抚。曹操与袁绍，二人都意欲在天下纷扰之时独霸一方，但袁绍一败涂地，曹操却赢得人心而大功告成，为魏国的建立打下了基础，这与曹操大胆启用降将、重用人才有很大关系。

中华人民共和国的开国领袖、中国共产党的伟大领导人毛泽东也十分尊重人才。他与李四光、钱学森、钱三强、杨振宁、李政道、周培源、茅以升、谈家桢、竺可桢等著名科学家都有较深的交往，与他们交朋友，拜他们为师。毛主席曾请钱三强讲授核物理学知识，并观看核探测仪器的实验表演；他向李四光求教，"你那个'山字形'构造是怎么回事，你能不能给讲一讲？"李四光给他讲了在力的作用下大地形成的"山字形"构造是怎么回事，毛主席非常感兴趣；他多次会见钱学森，认真听取关于发展火箭、导弹的意见；他称赞茅以升"不但是科学家，而且也是文学家"。"选准一个人，救活一个厂；选准一批人，兴旺一大片。"事业成功的背后是人才资源的配置和组合，尊重人才是这个时代的主旋律。

02

使人心悦诚服

管理所能达到的境界究竟是怎样的？有人说是绝对服从，有人说是极端崇敬。不过，有一个词似乎才是最佳的形容，那就是"心悦诚服"。

管理的最佳境界绝对不是让大家感到畏惧，甚至是恐怖，也不是盲目服从，而是在内心喜悦的基础上所达到的对共同目标诚心诚意的主动服从。

"假如你要用一个人的'手'，必须要用他整个的'人'；假如你要用他整个的'人'，你必须影响他整个的'心'"。真正的管理并不需要刻意的管与理，而员工们却能自觉地按照共同的目标主动行动。

当企业的领导者与员工息息相通、肝胆相照时，当他们为了共同的目标同心同德、荣辱与共时，你不得不承认，这个企业或者团队已达到了较高的境界。而只有攻其心，使人心服，才能达到这种最佳的管理。

孙子云："上攻伐谋，其次伐交，次之伐兵。"在中国古代春秋战国时期，国家政治关系处理有不同的方式，其中最有效、最根本的做法就是"伐谋"，也就是攻心为上，从思想上解决争端。其次，外交的运用也是国与国合理解决争端的较好方式，双方可以做到兵不血刃，达成互利。而最无效的方式显然就是兵戎相见，拼个你死我活，弄得两败俱伤。企业管理者应将此思想引入企业管理，借鉴"上攻伐谋"，用思想占领员工的内心，让员工发自内心地接受管理，这是一种最佳的管理方式。

蜀建兴三年（公元225年），诸葛亮亲自率兵南征。诸葛亮好友马良的弟弟、参军马谡送诸葛亮出城，一直送了几十里路。临别时，马谡说："南中的人依仗地形险要，距离都城又远，早就不服管了。即使我们用大军把他们征服了，以后还是要闹事的。我听说用兵的办法，主要在于攻心，攻城是次要的。丞相这次南征，一定要叫南人心服，才能够一劳永逸呢。"马谡的话，正合诸葛亮的心意。

双方首战，诸葛亮就大获全胜，擒住了南蛮首领孟获。但孟获却不服气，说什么胜败乃兵家常事，诸葛亮就说："既然这样，您就回去好好准备一下再打吧！"孟获被释放后，逃回自己部落，重整旗鼓，又一次进攻蜀军。但孟获本是一个有勇无谋的人，根本不是诸葛亮的对手，第二次又乖乖地被活捉，但诸葛亮又下令放了他。就这样捉了放、放了捉，总共七次。孟获第七次被捉时，诸葛亮还要再放，孟获却不愿意走了。他流着眼泪说："丞相七擒七纵，待我可说是仁至义尽了。我打心底里敬服。从今以后，不敢再反了。"

打败一个人很容易，但打败一个人的心很难！打赢一个人，得到的只是一时胜利者的名号；而打赢一个人的心，得到的却是永久的胜利。就连不可一世的拿破仑也曾无可奈何地说："这世上最难办到的事，不是征服一座座城堡，而是征服一颗颗心。"

第二次世界大战时，丘吉尔在圣诞节的时候去了美国，希望美英结盟对德作战，以扭转英国面临的危险局面。可是，当时美国人对英国人并无好感，反对介入战争。于是，丘吉尔决定用情感打动美国人的心，使他们同意政府援助英国，参加对德作战。

他的演讲词是这样的："我远离祖国，远离我的家，在这里欢度这一年一度的佳节。但确切地说，我并不觉得寂寞和孤独。或者是因为我母亲的血缘关系，或许是因为在过去许多年的充满省略的生活中我在这里得到的友谊，或许是因为我们伟大的人民在事业中所表现出来的那种压倒一切其他的友谊的情感，在美国的中心和最高权力所在地，我根本不觉得自己是个外来者。我们的人民和你们讲着同样的语言，有着同样的宗教信仰，还在很大程度上追求着同样的理想。我所能感到的是一种和谐的兄弟间亲密无间的气氛……因此，我们至少可以在今天晚上把那些困扰我们的各种担心和危险搁置一边，并在这个充满风暴的世界里，为我的孩子准备一个幸福的夜晚，那么，此时此刻，在今天这个夜晚，讲英语的世界中的每个家庭都应该是一个亮光普照的幸福与和平的小岛。"

丘吉尔从两国人民共同的语言、宗教信仰、理想及长期的友谊入手，将此作为彼此相信、相互了解的基础提出来，用讲英语的家庭都应过一个和平安详的圣诞节这样的话语打动了美国人民的心。他的演讲具有很强的震撼力，终于使美国人民由反战转入参战。

伟大的人总能用言行震撼人的心灵，让人从心里产生对他们的钦佩与赞美之情。因此，控制他人的有效手段之一就是"攻心"，从心里瓦解他、控制他。

马斯洛曾说："心若改变，态度跟着改变。"

孙正义是日本软件银行的创始人。在他创业阶段，软件银行实行大量批发软件的委托制，但是由于质量不稳定，退货量巨大。滞销的商品在软件银行的仓库里堆积成山，最后只得当作废物处理。

孙正义十分着急，采取了一个出乎所有人意料的举动。一天，他拿出一张万元纸钞，对大家说："各位同仁，如果我将这张纸钞撕破，你们做何感想？"全场立刻寂静无声，只见他说到做到，当场撕破了手中的钞票。

员工们大吃一惊，没有谁不觉得可惜，更弄不懂他为何要这样做。这时孙正义进一步说："我们对仓库里被处理掉的商品就不痛心吗？难道就不能和厂商把问题更好地解决吗？"

从那天起，公司内部的气氛突然有所转变。董事兼销售促进部长喜屋武博树曾经目睹孙正义撕破万元大钞的经过，这件事一直深深印在他的脑海中："很奇妙。他把商品放在手上，说这就像现金一样，可是现在因为大量的退货不得不处理掉，如果是你们的钱，你们做何感想呢？说着他就撕破了那张一万元大钞。"

"我多少有点冷眼旁观，心想他还真会搞。没想到，就在那一瞬间，公司的气氛整个变了，人人士气大振，空气突然凝固。一张万元纸钞便能够起到振奋人心的效果，真是太神奇了！"

这就是万元大钞引发出来的攻心效果。他把问题的实质摊开来：仓库里的商品，大家可能没有留意；但摆在眼前的万元纸钞则是醒目的，每一个人都会为之心痛，明白损失的价值有多少。无须太多的言语去说教，就是一瞬间的动作，让每一个人都深深铭记在心。一针见血，这正是一种杰出的管理艺术。

恩斯特·维歇特说："只有撼动人心的人，才能撼动世界。"孙正义的举动，谁说不是一种撼动人心的独特方式呢？思想决定行动，当员工的行为出现问题时，一定要从思想上解决。

松下电器成立之初，员工的工作情绪不高，处处都表现得比较懈怠，迟到、早退、开小差等成了普遍现象。总裁松下幸之助看到这种现象后非常不满，如果任凭这种怠工现象发展下去，公司早晚要倒闭。为了彻底消除这种现象，松下幸之助召开了全体员工大会。开会那天，松下幸之助待员工到齐后，庄严地走上了主席台。他大声说道："今天，我有一件很重要的事情要向大家宣布。"说完这句话后，会场顿时变得异常安静，员工们都想听听总裁到底有什么事情要宣布。然而，松下幸之助说完这句话后，竟然头也不回地走出了会场。会场的安静气氛在一刹那间被打破，员工们先是窃窃私语，接着大声议论，然后便开始喧哗，会场变得热闹非凡、人声鼎沸。

正当员工们吵得不可开交时，松下幸之助又出现了。会场很快恢复了安静，但员工们脸上愤怒的表情并没有改变。松下幸之助再次走上主席台，扫视了一下台下的员工们，感慨地说："从你们的表情上，我看出了你们内心的愤怒。你们之所以愤怒，是因为对我的突然离去感到不满。不过，你们有没有想过，当我看到你们中的一些人出现迟到、早退、擅离岗位等怠工现象时，我又会有什么样的感受呢？如果你们有兴趣知道的话，我愿意告诉你们。在这些时候，我的感受与你们现在的感受一样。我今天要郑重宣布的就是这件事情，现在已经讲完了，可以散会了。"正当大家低头思索时，松下幸之助利索地走出了会场。

令人感到惊奇的是，松下幸之助召开的这次简简单单的会议竟然起到了神奇的效果。自从那次会议后，松下公司的员工如同脱胎换骨一般，很少出现怠工现象。

管理的根本在管心，员工心齐了，没有办不好的企业。攻心之术最善者，莫过于使人"心服"，即使人口服心服，乐为己用。要想真正得到一个人的忠诚和归顺，必须从情感和思想上征服他。

03 欲用人，先学会容人

管理者要想成就一番事业应有容人之量，即要有容人之过、容人之才的气度。做不到这点，管理者就留不住人也用不好人。

对犯过错误的人抱有成见就用不好人。管理者有成见，就不可能对其委以重任，即使这样的下属才能出众，被长久地弃而不用也较常见。退一万步说，即使管理者要用这人，也会老挑毛病，在这样的情况下下属要想工作好是极难的。

不能容人也就难以留住人才。一般人工作时都想拥有一个好环境，如果管理者不能容人之过，对人存在偏见，上下级合作就难以愉快。同时，由于管理者的成见，下属迟迟得不到任用，就会感到前途渺茫，顿起离开之念头。"此处不留人，自有留人处"，现实中员工跳槽已是极普遍的事。人才是发展的关键，留不住人才何谈事业的成功。

饮誉世界的美国著名通俗历史作家房龙1925年出版了一本名为《宽容》的书，此书现已成了世界经典名著。房龙在该书中叙述了人类思想发展的历史，倡导思想自由，主张对异见要宽容，并对一切不宽容的行为深恶痛绝。他在书中痛斥和嘲弄不宽容，并大声疾呼："打倒这个可恶的东西，让我们全都宽容吧！"房龙还认为，"个人的不宽容是个讨厌的东西，它导致社团内部的极大不快，比麻疹、天花和饶舌妇人加在一起的弊处还要大。"

但凡有成就的管理者，无不宽容大度。无论亲疏好恶，无论智愚善恶，都以大度来容纳他们，让他们都像鱼儿那样忘记了自己身在江湖。人如果忘记自己身在天地之间，即便不想追求圣贤的境界也能达到圣贤的境界，如此，又何须忧虑人们不服从管理呢？欲成就继往开来的大业，怎么可以缺乏豁达的肚量呢？

豁达的肚量每个人均能拥有。天下的学问，非一人之智所能知晓；天下的事业，非一人之力所能办到。海洋之大，非一川之水所能汇成；山岳之高，非一丘之土所能堆积。因此，依靠众人的力量才能更好地生存，刚愎自用、独断专横注定会失败。

天地有容纳之量，希望成就大业者需要大度量。项羽虽有拔山之力、盖世之气，白手起家抗秦朝，驰骋天下，但在和刘邦的较量中，却逃不过失败的噩运，原因就是无容人之量，像范增这样的旷世奇才他也无法容纳。相反，刘邦虽一介地痞，却有容人之量，笼络了一班人才。所以说，大度盖及天下而后能容纳天下，大量盖及天下而后能使用天下，智慧盖及天下而后能扭转天下，勇气盖及天下而后能托举天下。

唐朝是我国多民族国家形成的重要历史时期，唐太宗李世民就是开启这一历史进程的伟大奠基者，他以泱泱大国的气势征服了周边国家，保证了边境地区的安宁。更能体现其博大胸襟的是，在战争结束后，为缓解民族间的矛盾，改善民族关系，他让许多部落首领在京城长安任职，并且十分信任他们，用他自己的话说，"待其达官皆如吾百察"。受到重用的少数民族将领几乎参加了所有的征讨战争，有的还担任了行军大总管、安抚使等要职。皇帝直接任命少数民族首领为官，带领少数民族军队征战，并能完全信任这些少数民族将领，在历史上有如此恢宏气度者，李世民大概是第一人。唐太宗用他博大的胸襟把各个民族团结在大唐帝国周围，使京都长安不仅成为国内各民族的大都会，也成了世界性的大都会，成就了万国来朝的鼎盛时代。

04

"以人为中心"是现代管理的核心

在人类历史上，自从有了组织，就有了管理活动，管理的历史与人类历史一样悠久。同时，管理更是企业永恒的主题。从一定意义上说，一些企业之所以不景气，就是输在了管理上。

企业管理的核心，从早期的生产导向，到行销导向，再到后来的财务导向，现在又转到人力资源导向，学习型组织五项修炼的行为导向……说到底，其中无一不是人的活动、人的因素在起作用。管理哲学的真正核心依然是人。管理组织，是人的组织；管理行为，是人的行为；企业的最大资源，是人才资源；管理活动，是人类特有的心智活动。在一个企业内，人既是执行管理的主体，又是被管理的客体。

美国管理学家彼得·德鲁克说："管理是与人有关的活动。""企业雇用的不是一双手，而是整个人。"

人不是机器，是有感情、有思想的动物，如果你把人当成根本，你雇用的将不是他的双手，而是他的心和他的大脑。当他完全发挥出自己的潜能时，你将会有更多的收获。

盛田昭夫说过，在那些最卓越的企业里，并没有哪种理论、观念和方法是企业成功的秘诀，真正的秘诀只有一个，就是牢牢抓住了人的管理。

企业离不开人，众多员工才是企业赖以生存的根本所在，企业管理中的任何环节、任何事情都是由人完成的；管理离不开人，不管是管理者还是被管理者，任何一种管理模式的成功均是从人的工作效果中得到体现的。

松下幸之助说：企业即人。企业的兴衰，关键在人；企业能否发展，在很大程度上取决于是否具备一支高素质的员工队伍。他曾反复对松下的管理者强调：企业经营的基础是人。在企业经营中，资金、生产、技术、销售等固然重要，但人是它们的主宰，归根结底人是最重要的。如果不从培育人才开始，松下电器就没有希望，"造物之前要先造人才"。

日本丰田公司经理石田退三说："事业在于人，任何工作、任何事业，要想有大的发展，最要紧的一条就是造就人才。"

人是资本，更是根本。管理者应深刻认识到人在经济活动中的作用，突出人在管理中的地位，实现"以人为中心"的管理。

"以人为中心"的管理，其核心强调尊重员工，激发员工内心的工作热情，其着眼点在于满足员工的合理需要，使员工身心愉悦，从而全面调动其积极性。

美国汤姆·彼得斯和南希·奥斯汀在所著的《赢得优势——领导艺术的较量》中认为：管理问题从根本上讲是人的问题，只有尊重每一个人，尊重每一个人的价值和贡献，才能充分调动每一个人的积极性。企业要为员工提供从事创造性劳动，发展和提高自己的机会和条件。企业对员工承担的社会责任不仅仅在于发给工资以维持其生存，更应该实施训练以提高其技能。他们的结论是：尊重员工，相信员工，发挥他们的创造力。

树立以人为中心的管理思想，是管理科学面临的重大课题，也是管理思想发展的必然结果。在企业管理中，尊重人的价值，提高人的素质，重视人在工作中的作用，强化领导者以人为中心的意识，是现代管理智慧的核心所在。

娃哈哈集团总裁宗庆后认为：员工是企业的主人。

管理者应做到"员工第一"，凡事优先考虑员工利益，处处为员工打算和着想。因为企业市场行为的全过程自始至终都体现着全体员工参与的主导作用，"消费者第一"的好坏优劣，其结果是要受到每位员工服务影响的。

"员工第一"的主导思想，促使企业管理者千方百计去激发员工的进取心和爱企爱岗的热情，从而营造出快乐而舒心的工作环境，进而产生最佳的工作效果。

倡导"员工第一"，是坚持"以人为中心"的人本主义文化的具体体现。这种对员工的尊重和激励涉及根本，其作用自然也是持久而有效的。

美国罗森伯格国际集团原来是位于费城的一家小旅游公司，经过20多年的发展，竟然一跃成为同行业的翘楚，年营业额高达60亿美金以上。对于这个商界传奇，很多人都想知道其成功的秘诀。老板罗森伯格很慷慨地将秘诀和盘托出，那就是一个根本的法则：员工第一，顾客第二，领导者第三。相信这样一个顺序，对于任何一家公司的老板和管理者来说，都是不愉快的，但里面却存在一个有趣的现象，我们可以称之为逆反效应，即当公司将员工放在第一位时，受益最大的却是管理者。

罗森伯格先生有一段真切感受："我们所谈论的转变是要把企业的员工放在首位。员工们得到了关怀、重视、授权和激励，就能更好地为顾客服务。当一个企业把员工放在首位的时候，得到的结果是令人振奋的。员工们被激励提供发自内心的真诚服务，这是不能伪装出来的。"

这也就是说，当企业将员工放在首位，时刻照顾到员工的利益时，员工们就会被激发出更好的精神素质，为顾客提供更好的服务，为企业提供更好的回报，即成本下降、利润上升。

正如罗森伯格先生所形容的那样："我们的员工愉快、充实、优秀，并且人们一眼就能看出，顾客愿意让这样的员工为他们服务。"

一个真心感激公司，从内心喜欢工作的员工，自然会表现出最佳状态，并赢得更多顾客的满意，最后让管理者获得更好的回报。

罗森伯格旅游集团曾针对员工与顾客做过一个调查，从反馈回来的调查表中发现了一个有趣的现象：那些越是对公司有好感，越认同公司的员工，所服务的客户群也对公司越有好感、越满足。简单地说，就是好的员工，带来了好的客户。员工的心情越好，他所服务的客户，心情也会随之变好。当然，看见业绩不断成长的财务单，管理者的心情也会好起来。

美国麦肯塞公司前主任鲍罗恩曾经这样说："成功管理导者总是用最简单的方法管理着最复杂的机构。第一，他们把人看作是组织的成员而不是雇员；第二，他们采用分工价值，而不使用严格的程序和控制来指导工作；第三，他们把'远大思想'观点置于企业策略之中；第四，他们乐于听取所有人意见。"如果将鲍罗恩的观点做进一步概括，就是：成功的企业在经营和生产中贯彻以人为中心的精神，使企业中的每个员工都把自己当成企业的主人。

05

管理大师首先是心理大师

对于一个优秀的管理者来说，要想让自己管理的企业成为同行业的佼佼者，要想让管理发挥出更大的效益，那么就必须在人的内心上花费更多的精力与时间。就像美国著名的领导者艾柯卡先生（前克莱斯勒汽车公司总裁）觉得自己最有用的知识是在大学心理系所获得的一样，一个管理大师首先应当是一位人类的心理大师。

英国著名的哲学家弗兰西斯·培根生平最喜欢说的哲理之一是一个关于眼镜的故事：

当你戴上红色的镜片时，眼前的一切，就会变得鲜红起来；而当你戴上灰色的镜片时，眼前的世界，又会变得灰暗起来。如果我们将这个镜片看成是人的观点与角度，就会得出这样一个结论：当我们用不同的观点和角度来观察同一件事情时，往往会得出不同的结论。

管理之道也是如此。对于一个管理者而言，员工没有绝对的好坏之分，无论多坏的人，都有好的一面。心是可以转变的，关键在于怎么引导和发掘员工积极的一面。这就要求管理者的管理目标要从员工的外在行为转为内在心灵，也就是让管理的方法与技巧发生一场根本的转变。

1. 顺应人性的管理，才是最好的管理

在人类社会里，无论时空如何变幻，观念如何转变，管理的理论与学说如何发展与创新，均有一个永恒不变的主题，那就是人性。弗兰西斯·培根说："人类从几千年前就开始琢磨自己，历经千年，人类最不了解的还是自己。"

为什么很多优秀的企业，员工工资并不高，而员工的敬业度和忠诚度却很高？相反，在很多民营企业中，员工的工资虽然很高，但员工的敬业度和忠诚度却很低？

为什么在不同的企业内，或许是同样的员工（人），其敬业度和忠诚度却不一样⋯⋯

对于许多管理者来说，有一个难以想象却真实存在的事实，那就是深藏在心灵深处，往往被人们忽略的人性，这是许多管理问题的背后原因之所在。

如果管理者在制定政策、制度时，不从最基本的人性出发，不尊重员

工，激起了员工的逆反心理，那么员工的工作积极性、创造性能发挥到何种程度？员工的潜能能释放到何种程度？创造的价值能有多大？这样的企业或团队会得到发展和壮大吗？

中国式管理大师曾仕强先生说："人天生不喜欢被管，有人管就觉得不自在。""顺着人性的需求来管理，可提高效益。"

在 Google 独特的企业制度当中，20% 的"员工自由时间"最受人称道。这个制度让 Google 在条件许可的范围内，最大限度地把工作变成一种兴趣，在 Google 工作的人感觉不像是在一家公司上班，更像是在一所大学或研究机构做有趣的研究。而 Google 则可以从这些自由员工的大脑中，源源不断地提取新的创意和新的商业计划。你会发现，Google 的做法实在是太聪明了。Google 的聪明之处在于，它知道即使不给员工自由时间，员工也会想办法偷懒，与其偷偷摸摸，弄得两边都不爽，何不让员工公开地、自由地支配一小段时间？更重要的是，员工的感受会完全不同，有了 20% 的自由时间而不是 20% 的偷懒时间，他感到自己被尊重，感到自己是在为兴趣工作。

因此，了解人性，尊重人性，顺应人性，学会从员工的角度看世界，永远是一个成功的管理者不可或缺的心灵智慧。而顺应人性的管理才是最好的管理。

2. 员工无好坏善恶之分，关键看如何引导

从一定意义上说，人类文明史就是人性化不断增强的过程，是人的本性不断升华的过程。点亮人性的光辉，即激发人对真善美的追求，是管理的首要使命。所谓真，就是要做一个真实的人、真诚的人、真正的人，即真实地对待自己和别人，说真话，办真事，追求真理。所谓善，就是要有一颗善良之心、仁爱之心，不仅自尊自爱，而且爱别人、爱企业、爱国家，关心人、关心集体、关心大局。所谓美，即对美好的理想、愿望和事业的追求。真善美的统一是人的本性的最高境界，也是人追求的最高境界。

发掘人性的光明，点亮人性的光辉，"顽石"可以变为"钻石"，"庸才"

可以变为"能才"，甚至"烂苹果"也能够成为"金苹果"。

有人将人的本性比喻成一处田园，那么本性的善恶就是这片田园的善恶种子，都会生根发芽。但我们可以通过后天的手段（例如法治）来拔出恶种子生长出来的恶之花，利用浇水施肥的方法（例如教化）来培植善种子生长出来的善之花。如此，就可以让绝大多数心性田园都开满了善之花。

管理者应立足本心，照顾善念，顺应和激励人性中最高贵的一面。

马纯武是大庆油田一个中级管理者。他在刚开始负责炼化含油污水处理站时，发现站内员工对机器设备非常不爱惜，导致设备的故障率非常高，频频发生事故。这不仅会耽误工作，给管理站带来损失，而且如果发生重大事故，还会威胁员工的生命安全。

怎么办呢？马纯武和站内的管理者一起商量办法，一致认为，仅靠硬性规定难以让员工做到爱护和高效使用机器设备。马纯武想，员工并不是存心破坏设备的，他们只是缺乏积极性，如能将员工的积极性调动起来，就能解决问题。最后，马纯武和站内的管理者想出一个办法：建立机主小档案。也就是让员工把自己的姓名、年龄、星座等个人信息，贴在所管理的机器设备上，同时附上自己的爱好、人生格言以及生活照片——最好是和家人的合影。

实行这个办法后，员工的状态马上变了个样，一下子觉得这些设备和自己有了最亲密的关系，开始主动爱护机器设备，员工的积极性也就被发掘出来了。

这个办法还有更巧妙之处，他们要求员工对所负责的机器写上一句心里话。有的员工写的是"爱护你，就像爱护我的容颜"；有的写"你的安全，是我最大的幸福"……这些发自肺腑的话，让员工们展示了自己美好健康的一面。此后，管理站设备的故障率明显降低。

智慧的管理者能够发掘出员工的自觉性，让员工积极主动地工作。最高明的管理不是如何制定规章制度，而是从人性出发，发掘员工本性中积极向上的那一面。

06

如何避免和防止员工跳槽

员工跳槽对企业会产生很多不利影响，甚至可能会带走企业的客户、技术和商业秘密，使企业遭受重大损失。那么企业应如何避免和防止员工跳槽呢？下面一些建议可供企业参考：

1. 建立科学、合理、有竞争力的薪资体系

企业若想防止员工跳槽，关键在于企业的薪酬体系要科学、合理，并且较外部市场有一定的竞争力。

科学、合理的薪酬体系是指企业要根据职位的类别、作用，对其进行相应的职位价值评估，在企业内部建立完整的职位价值序列，并根据职位价值序列对职位进行基础薪酬设计。

企业要建立完善的绩效考核管理体系，将员工的薪酬与绩效考核结果挂钩，使员工的收入和贡献成正比，实现企业的内部公平。这样就会避免员工因内部分配不公而产生心理不平衡，从而离去。

企业的薪酬体系也要在市场上有一定的竞争力。企业应先通过自己或委托专业机构对市场上的薪酬水平进行调查，然后再确定本企业的薪酬水平定位。这样可以保证企业的薪酬在市场上具有一定的外部竞争力，避免员工轻易被外部企业的薪酬吸引而离职。

2. 建立合理的福利体系

要想留住员工，企业还要重视自身的福利体系。要知道，企业的福利也会对员工是否愿意继续留在企业工作产生重要的影响。这里的福利不仅包括"三险一金"的法定福利，还包括房贴、交通补贴、通信费、商业保险、各种津贴、带薪休假、旅游等非法定福利。

企业可以根据自己的特点、员工年龄和需求的不同，进行有差异的非法定福利设计。

例如，某企业对其研发人员规定，完成一个项目后，参加项目的所有研发人员均可享受一周的带薪休假。对于夜以继日、连续加班加点完成项目的研发人员而言，休假后能以饱满的热情投入到新的项目中去，更为重要的是研发人员会因这一特殊福利而增加了对企业的忠诚度。

3. 对员工进行职业生涯规划，提供职业发展机会

许多企业没有意识到员工职业生涯规划的重要性。实际上，对员工进行职业生涯规划，对于留住员工、防止员工跳槽可以起到积极的作用。

职业生涯规划是指企业和员工一起就员工的未来职业发展方向、发展目标做出计划安排并帮助员工逐步实现这一计划安排的过程。进行了职业生涯规划的企业，其员工对企业的忠诚度比未进行职业生涯规划的企业要高许多。员工会因企业为其提供专业的职业生涯规划帮助而对企业产生认同感，认为企业非常关心自己的发展，而且选择留在企业工作，自己的职业发展道路目标明确、清晰，只要自己不断努力，企业也会提供相应的职业机会，在企业的帮助下，最终会实现自己的理想。这样，员工跳槽的可能性会大大降低。

4. 提供相应的教育和培训机会

员工跳槽的另外一个重要原因是在原有企业得不到有关的教育和培训机会。现代企业的员工逐渐认识到，在如今这样一个竞争激烈的社会中，如果不学习，不掌握最新的专业知识和技能，很快就会被社会淘汰。所以

企业应尽可能多地为员工提供一些教育和培训的机会，对于一些智力、知识密集型企业，如IT、教育、生物、医药、咨询、设计院等尤其如此。这样不仅增加了员工对企业的认同感和归属感，同时也会提升员工的素质和能力，提高员工的工作效率和工作质量，从而为企业创造更大的效益。

5. 宣传企业的战略目标，使员工认同企业的发展目标

在企业内部宣传企业的战略目标，使员工对企业的发展目标、实施策略都有一个清晰的了解，这有助于增强员工对企业发展目标的认同，使全体员工达成共识，团结协作，共同为实现企业的目标而努力；也会避免一些员工因为看不清企业的发展目标和发展方向，不理解企业的政策和策略，对企业产生不认同而跳槽。当然企业也应避免制订战略目标的短期化、功利化和市场定位的错误，使员工对企业失去信心，从而离开。

此外，不少企业通过员工持股、知识产权入股等形式对企业进行改制，使员工的利益和企业的效益紧密联系在一起，增强员工的责任感和主人翁意识，员工会更加努力地为"自己"的企业工作。这种方法等于为员工打造了一副"金手铐"，同样可以防止员工跳槽。

6. 塑造良好的企业文化和工作环境

良好的企业文化会使员工产生巨大的凝聚力和归属感，产生和谐愉快的工作氛围。企业文化是企业全体员工在日常工作中不断积累、沉淀下来的成文或不成文的行为准则、价值观念和思维方式。良好的企业文化不是一朝一夕就可以建立起来的，需要领导者持之以恒、持续不断地善意提倡和培育。

第四章
做自己时间的管理者

　　时间是世上最宝贵的财富。我们做任何事情，如果没有时间或时间分配不当，计划再好，目标再高，能力再强，也是竹篮打水一场空。

　　时间是一种特殊的资源，一旦浪费了就再也不能恢复，浪费时间就等于浪费财富。不懂得利用时间的管理者是最无能的管理者。

01
做自己时间的管理者

　　"挽留"时间无术，"购买"时间无门，只知惜时而不懂时也不行。唯一的办法就是：管理时间，驾驭时间，做时间的主人，把自己一生的时间当作一个整体来运用，对自己人生的各个阶段进行全面规划、统筹安排。

　　早在2500年前我国大教育家孔子就说过，"吾十有五而志于学，三十而立，四十而不惑，五十而知天命，六十而耳顺，七十而从心所欲，不逾矩。"也就是说，人应该从15岁开始立志发奋学习，30岁开始创立事业，到了40岁已不为纷繁复杂的社会现象所迷惑，50岁懂得了自然规律，60

岁能采纳各种不同意见，70岁时处理问题得心应手，不出差错。这便是个大体的人生规划。即把一生的时间当作一个整体运用，围绕人的不同生命阶段来对自己进行终生设计和管理，这就是一个人时间管理成功的关键。

1. 时间具有独一无二的特性

（1）供给毫无弹性

时间的供给量是固定不变的，在任何情况下都不会增加，也不会减少，因此管理者无法针对时间进行开源。

（2）无法蓄积

时间不像人力、财力、物力和技术那样能被积蓄储藏，管理者只能被迫按一定的速率消费时间，无法针对时间进行节流。

（3）无法取代

任何一种活动都离不了时间的堆砌，时间是任何活动都不可缺少的基本资源，因此时间是无法取代的。

（4）失不再来

时间不能像遗失物那样失而复得，一旦丧失，则会永远丧失。例如，延迟半小时开车的司机安慰乘客说："不用担心！我会把丢失的时间抢回来，因为我们会按原定时间抵达目的地。"虽然开快车可准时抵达目的地，但是司机与乘客却要因此而支付额外的代价——如危险性、油量耗费、汽车折旧的增加等。丧失的时间是无法挽回的。

因为时间具有上述四种特性，所以在各种经济资源中，时间最不为一般管理者所理解。也许正因如此，时间的浪费比其他资源的浪费更为普遍，也更为严重。

2. 四代时间管理理论

（1）备忘录理论

第一代理论着重利用便条与备忘录，在忙碌中调配时间与精力。这一代理论最大的缺点是缺乏"优先"观念。虽然每做完备忘录上的一件事，会带给人成就感，但是这种成就不一定符合大目标，因为所完成的只是必要而非重要的事。它是积极的，却是被动的；它是一种好习惯，却未必是科学的方法。

（2）日程表理论

第二代理论强调计划与日程表，反映出时间管理者已注意到规划未来的重要性。这一代理论使人的自制力和效率都有所提高，能够未雨绸缪，不只是随波逐流，但是对事情仍没有轻重缓急之分。

（3）优先顺序理论

第三代理论是目前最流行的，讲求优先顺序，也就是要依据轻重缓急设定短、中、长期目标，再逐日订立实现目标的计划，将有限的时间、精力加以分配，争取最高效率。这一代理论有了很大的进步，讲究价值观与目标，但也有人提出异议，认为它过分强调效率，把时间绷得死死的，反而会产生副作用，使人失去增进感情、满足个人需要以及享受意外之喜的机会；拘泥于逐日规划行事，视野不够开阔，纠缠于急务之中，难免因小失大，降低生活品质。

（4）要事第一理论

第四代理论在前三代理论的基础上兼收并蓄、推陈出新。它以原则为重心，配合个人对使命的认知，兼顾重要性与急迫性；注重生命因素的均衡发展；始终把个人精力的焦点放在"重要"的事务上。

新一代时间管理理论，把事情按紧急和重要的不同程度分为 ABCD 四类。先做 AB，少做 C，不做 D。方向重于细节，策略胜于技巧。始终抓住"重要"的事，才是最大的时间管理、最好的节约时间方法。AB 类事务多了，CD 类自然就杜绝了，你就会越来越有远见、有理想、有效率，少有危机。

3. 人生时间的三种管理类型

按照时间的长短，可以把时间分成整体时间、阶段时间和短期时间三类。与此相对应，时间的设计和管理就应有整体时间的设计和管理、阶段时间的设计和管理以及短期时间的设计和管理三种。

（1）整体时间的设计管理

整体时间的设计管理，是对某一事物全过程所占有的整个时间区域进行全面规划、总体设计和统筹安排，科学化地设计和管理时间。拿人的一生来说，就有一个整体时间设计和管理的问题。著名作家冰心假设人生为 80 年，并算了一笔账：

365 日 ×80＝29200 日

24 小时 ×29200＝700800 小时

60 分 ×700800＝42048000 分

60 秒 ×42048000＝2522880000 秒

这就是说人的一生占有的时间总数为 2522880000 秒。对这个 10 位数，也许有人会轻率地认为，反正数字大得很，时间足够一生使用，不用管它什么整体设计和管理。其实，有没有整体考虑，有没有战略眼光，会产生迥然不同的效果。要知道，使用时间就是使用生命。

同样是一秒钟，在人的不同时期需做不同的安排。有了一个人生总谱，才能在整个生命周期中，合理科学地开发自己潜在的智力和创造力，准确地把握人生各个时期的生命节奏。

（2）阶段时间的设计管理

阶段时间的设计和管理，即对整个时间区域的某一阶段进行具体的设计和管理，一般以月、年或几年为时间单位。阶段时间的设计管理，在整体时间设计和管理的统领之下有其大方向，但也有其特殊性和具体要求。

以学生求学为例，在不同的阶段要有不同的时间设计和管理法。小学阶段属启蒙教育，这时求知之舟初驶学海，稚气未脱，理解能力不强，形象思维时间要多一些；中学阶段，学生已学海拾贝，求知欲强，精力充沛，记忆力好，开始进行抽象思维，这一阶段时间非常宝贵，是形成正确人生观、世界观的黄金时期；到了大学，学生的思想已经趋向成熟，专业方向已经确定，时间安排的自由度比中学生大多了，此时学习要求也相应提高，学习方法上应提倡更多的创新精神；研究生的时间安排有更多的自主性，除了完成专修课以外，还要在导师的指导下完成富有学术创见的毕业论文。这时，学生已完全进入专业领域，要学点现代时间理论，学会用系统论、控制论和运筹学等新的知识来合理分配时间，科学使用时间，提高学习效率。

可见，阶段时间的设计和管理同样具有重要意义。

（3）短期时间的设计管理

短期时间的设计和管理一般以小时、日、星期为单位，贵在"精确""适时"。"精确"是准确把握阶段时间和整体时间的前提，"适时"是提高阶段时效和效益的先决条件。因此，短期时间的设计与管理是阶段时间和整体时间设计和管理的基础。

俄罗斯一位成功的企业家很懂得短期时间的设计和管理，他有这样一张作息时间表：

起床——早7时；

晨修——起床后到9时，用于阅读、学习、思考和写作；

工作——9时到下午5时；

午饭——下午5时，饭后稍作休息；

工作——下午7时到夜间11时；

晚饭——夜间11时；

工作——晚饭后到次日凌晨一二时。

其长于时间管理由此可见一斑。

02

提高管理时间的质量

　　管理者日理万机，每天需要处理的事情千头万绪，因此应特别讲究时间的使用效率，花一分时间就要有一分收获，提高时间的使用质量。管理专家认为，管理者脑子里经常居于最高位置的想法应是："我是不是在做一件工资、职位和能力都比我低的人也能做的工作呢？"美国麻省理工学院的摩文调查后发现，多数成功的经理都有两个共同之处：一是精于安排自己的时间；二是善于限定自己的工作范围。

　　可见，能否有效地、高效率地支配时间，是衡量一个企业管理者素质高低的重要标准。如果管理者陷入一般事务中，那他就只是增加时间的使用数量，并没有提高时间的使用质量，这不仅使管具体事务的人无所适从，他自己也必然一事无成。

　　领导者不可能事必躬亲、样样顾及。采取ＡＢＣ工作法，可以使你的工作程序化。即：先把要做的事列一张清单，再把最重要、最迫切的事情列入Ａ类，Ｂ类次之，Ｃ类则一般是一些杂务小事。要把主要精力集中用于完成Ａ类工作，其次是Ｂ类，这样有主次、有先后地逐步展开。对于Ｃ类事情，可以适当授权下级代劳。美国企业管理顾问艾伦·莱金提出一种"有计划拖延法"，即领导者应把时间花在Ａ与Ｂ两类工作上，把Ｃ忘掉。Ａ、Ｂ两类事情办好了，就完成了工作的80%～90%。要是有人打电话来催问Ｃ类的事，就可将这件事划入Ｂ类；要是有人亲自来找，就可以把这件事划入A类。

以下几条秘诀可作为你对时间进行整体管理的思路和方法,可作为提高工作效率的参考:

处理公事时,切忌先小后大、先易后难、先简后繁,一定要按事情的重要程度分类,先办当天最重要的事情,然后再办其他事情;

在心情最好、精力最充沛时去处理最难办的事情;

把一部分工作交给秘书去做;

少写信,打电话能解决的就打电话,必须写信的就写便条;

减少会议的次数和时间;

分析自己对时间的利用情况,使之更趋合理;

减少不必要的报告,简化签字、盖章和接风等迎送礼仪;

把传阅的文件压到最低限度;

尽量利用空闲时间。

03

认识时间陷阱

在时间管理中,人们把那些不被注意却又占用宝贵时间的事称为时间陷阱。人们往往在不知不觉中便掉了进去,时间也就如同白驹过隙一般,不再属于自己。时间陷阱非常普遍,以至于我们习以为常,身陷其中而不觉其害。我们常常苦于缺乏时间,实际上时间却被我们毫不在意地放走了。那么,我们怎样才能揭掉时间陷阱的伪装呢?

1. 凡事因循守旧不知变通

有些人工作起来，从不知变通，文山会海袭来也是慢慢地消磨，打的是攻坚战，不分轻重，不知缓急，成天忙于批阅、转办和划圈之中。对此，只要采取果断的办法，按轻、重、缓、急分类处置：可办可不办的事交由别人去办；可阅可不阅的文件，不去阅览；重要的事情认真处理，次要的则快刀斩乱麻。如此才能逃离文山，卸掉重压，用更多的时间去做更重要的事。

例行公事中的时间陷阱还有一个就是开会。大多数人解决问题往往会想到开会，这可是中国一个老传统了。有人粗略计算过，有些政府工作人员一年用于开会的时间不下百日，县一级领导干部更是多达两百多天。上级机关的会议必须参加，听取指示；同级机关的会理应出席，搞好协作；下级机关的会务必亲临，以示重视。喝水润喉发表意见，工作时间就这样被占用了。

可见，一旦掉进例行公事的陷阱，就会被琐事缠身而不能自拔，不再是去主动地安排重要工作，而是被动地被零星事务所左右，最终会把忙忙碌碌当成自己的目标，忘记了追求效果。

2. "大权"在握事必躬亲

现实生活中有大量事必躬亲而效果不佳的事。在很多家庭里，年轻的爸爸妈妈不让自己的小宝宝干活，一半是疼爱，一半是不放心，总愿意包揽一切家务，结果是大人劳累不堪，孩子缺乏独立生活能力。在单位里，领导独揽权力，操办一切，忙忙碌碌，事不论大小均集于一身，下属无所事事，无权独立处理问题，领导终日辛苦却得不到下属的拥护。此类处事方法必然占用大量管理时间，使更重要的事耽搁下来。

产生事必躬亲的原因有很多，主要包括：首先是不知道时间运筹术，即不知道自己有多少时间，不清楚将过多的工作包揽到身上自己能否胜任，未考虑不重要的琐事由自己来做是否值得，不知道自己的任务是统领全局而不是亲历亲为；其次是按自己的行为模式要求旁人，错误地注重表现而忽略结果；再次是只看到节省时间于一时一事，只看到自己动手可以节省督促、检查和交代的时间，没有看到一旦让别人去做，再碰到类似的工作，就可以不再亲自动手，最终会为自己赢得更多的时间。

因此，作为时间管理者，如希望把时间纳入掌握之中，就不能有"事必躬亲"的念头，否则你将会失去生活乐趣，繁重的工作会使你分身乏术。

04

提高自我约束能力

每个人都有兴趣偏好，喜欢做自己感兴趣的事，并乐此不疲，越是年轻人，这种偏好表现得越强烈。我们都可能有这样的感受：看一本精彩的小说入迷时，会手不释卷，不顾其他；棋兴正浓时，也会放弃本来打算要做的事。在工作中，如果有几件事摆在面前供我们选择，我们往往会选择自己感兴趣的，却忽略了它是否紧迫和重要。这些首先满足自身欲望的行为方式常常使我们掉进陷阱，把该办的事拖延下来，造成了整个计划的被动。

因此，要跨越时间陷阱，就必须努力培养自我约束能力，改掉不良嗜好。要抵抗住兴趣偏好的诱惑，哪怕正在进行的活动是如此令人愉快，应该结束时就要适可而止；哪怕是自己乐意做的事情，只要它比起其他事情来还不那么紧迫和重要，就应该毫不犹豫地放下。要知道，与其拖延不愉快的事而弄得今后更不愉快，倒不如尽快把它做完，乐得轻松。

时间管理者要想节制自身的欲望，必须提高自我约束能力，这是讲究时间运筹的关键。自我约束能力的强弱，不仅是区别大人与小孩的重要标志，也是非凡之人与平庸之辈的分水岭。

1. 办事犹豫不决

犹豫不决是时间管理者浪费时间、降低效率的一大病因。深沉稳重的人，缺乏冒险精神，面对问题总想考虑得越周到越好，对工作总想等条件完全具备了再干，具体表现为多谋而不善断，长于心计而迟于行动，很多事情久拖不决，结果常常贻误时机。

这样的时间管理者通常还会过多地忧虑未来，把很多时间用于策划过于遥远的事，对于眼前的事则认为已成定局，不再考虑。但是，过早地为未来着想，易使我们养成迟疑拖拉的习惯，自己本来就不多的果断冲动更会被消磨殆尽。《三国演义》中，诸葛亮设空城计智退司马懿的故事说的就是，司马氏犹豫不决，丧失时机，从而给蜀军留下了退兵的时间。

犹豫不决是时间运筹的大忌，通常决策拖延的时间越长，做出决策会变得更加困难，并带来后遗症。当事情发展到不得不做出决策时，往往已经丧失了对可能出现的问题采取防范措施的时间。

2. 做事不专心

有些领导者对时间漫不经心，抱着随便打发的态度，其口里经常念叨的是：做点什么打发打发无聊的时间呢。这是缺乏事业心的表现。就是有事业心的人，有时也会因漫不经心而丧失时间。因此，要追求高速，就要特别注意不要掉进漫不经心给我们设下的陷阱里。

在生活工作上，"漫不经心"伪装的陷阱是非常多的，它在我们身边随时随处都发生着。美国的一家报纸曾对此做了点滴描述。比如，因为乱放东西，使用时需花费很大功夫才能找到；因为记错了时间，耽误了该办的事；因为有一伙人在吵吵嚷嚷，不知道是干什么的凑上去看热闹；因为听到有两个人在谈论昨天的赛事，也去发表一下自己的看法；因为下棋来了劲，非要和对手一见高低，其他事早已忘得一干二净，如此等等。时间就被这些习以为常的事所吞噬，工作计划往往因此而一再往后推延。

因此，倘若你想成为一个优秀的时间管理者，就应该细致安排你的日程表，然后按计划行事，避免掉进"漫不经心"的陷阱。许多有成就的人正是这么做的。

3. 过分地注重社交礼仪

在生活和工作中，人际交往需要占用大量时间，越是有成就的人，越重视这一点，否则过多的人际交往将会造成时间上的浪费，过分的社交礼仪更是如此。

礼仪性的社交占用了我们大量的时间，机场、车站和码头的迎来送往，宾馆和饭店的握手言欢，这些应酬，有的必需，有的纯属"陪会""陪宴"，如能简化和更注重实际，将会为我们节省出更多宝贵的时间，用于做更重要的事情。

在社交中，会客占用时间较多，有些是工作性的，有些是礼仪性的，还有些是休息性的。为了把握时间，对于工作性会晤，应该少点客套，尽快进入实质性问题的商议阶段，这对双方都有益。欧洲一些国家，过去比较流行的工作午宴正逐渐被更加快节奏的工作洽谈方式所取代。联邦德国前总理阿登纳十分珍惜时间，他在担任科隆市市长时，为了避免礼节性的客套，特意在办公桌后面的墙上挂了一个镜框，里面写了一段格言："请你说话简单明了，别讲漂亮话！谁白白占用我们的时间，谁就在偷我们的东西，而你是不应该偷东西的！"

另外，在社交谈话中漫无边际，或总想弄清每个细枝末节，也会占去大量时间。对此，必须掌握适可而止的原则，给予对方礼貌的暗示，不失时机地结束意义不大的谈话。应该明确，友好和礼貌并不是以谈话的时间来度量的。

不少有成就的领导为了逃避社会交往中的时间陷阱，常会在一段时间内采用"闭门谢客"或另寻幽室的办法，以在不受外来干扰的情况下，集中精力完成那些需要较长时间才能做好的工作。如果缺乏逃避的勇气，沉溺于应酬客套之中，工作一再被打断，一再重新起头，效率就无从谈起。

05 "效能"重于"效率"

　　自有时间管理以来，效率的概念就逐渐成为鉴定好坏和判别对错的价值尺度，甚至在若干工作中还被当作一种追求目标。管理学界对效率不遗余力地进行研究与追求，才使得效率如此受重视。从早期的"动作研究""时间研究"与"工作设计"，到近期的"作业研究""计划审核术"等技术性探索，无一不是为了提高效率。在可支配资源（包括时间）有限的情况下，讲求效率是明智和必要的，因为效率的提高可以最大限度地减少资源（包括时间）的浪费。

　　可是，为了将"效率的提高足以减少资源的浪费"变成事实，管理者更要讲求"效能"。

　　现今，老式的"效率专家"的时代早已过去，今天的管理专家多从"效能"入手，因为"效能"较"效率"含意更广、更实用。

　　"效率"重视的是做一件工作的最好方法，"效能"则重视时间的最佳利用。例如，为了即将召开的一次会议，你有一份必须打电话通知的名单。如果你从效率观点来看，你就会想什么时候打电话给他们是最好的时机，是否要把名字放入自动拨号卡片上以节省时间，这张名单是否是最新的、正确的等。但是，如果你从效能观点来看，你就会问自己，打电话给这些人是否最省时，你也许会考虑另一种联络方法，甚至会考虑把打电话的事派给别人做，或把会议取消，以便把时间用在更需要的地方。

健全的时间管理应该以效能优先、效率次之的观念为出发点。

06

工作时间管理之道

时间是一种特殊的资源，一旦浪费了就再也不能恢复。虽然人们总在谈论节约时间，但事实上时间是不能被节省下来的，它不能被储存起来供未来某个时期使用。这种资源积极的一面是，它对所有管理者都是一样慷慨的；而金钱、劳动力和其他资源的分配却是不均等的，因而使某些管理者处于不利地位。每一个管理者的时间都是每天 24 小时，每周 7 天，区别仅在于其中一些人在利用时间上比其他人更有效。因此，要对时间进行管理，使其更有效率，时间管理方法有：

1. 压缩工作周

压缩工作周是指由 4 个 10 小时的工作日所组成的工作周。虽然也有些实验采取了 3 日工作周或其他压缩工作周方案，但我们的注意力主要放在 4 天、40 个小时（简称 4-40）的方案上。赞成者主张，4-40 方案对降低员工缺勤率、增强其工作满意度和提高生产率都会产生有益作用。一些人认为，4 日工作制能给员工提供更多的闲暇时间，减少上班往返的时间消耗，降低员工请事假的要求，使组织更容易雇用到员工，并减少完成任务中诸如调整设备等时间的花费。但是，也有人注意到这一方案的潜在不利方面，包括工人的生产效率在一个长工作日临近结束时会降低，对顾客的服务水平会下降，以及在交货期要求延长一天的工作时间时会遭到反对，并导致设备利用水平降低。

从管理当局的角度来看，4日工作制最说明问题的特征也许是它似乎具有不同的短期和长期效果。刚开始推行时，紧缩工作周会取得其赞成者所宣传的许多有利结果，如更高的士气、更少的不满意、更低的缺勤率和离职流动率等。但是，大约一年以后，大部分优点就会逐渐消失。员工接着开始抱怨长时间工作太疲劳，将工作与个人生活协调好太困难。管理者也会发觉有许多弊病，如要求更严格的工作进度安排，经常需要对工作日中10小时之外的工作时间支付加班费，以及在协调工作方面通常存在一定的困难。而且，采取这一方案时管理者仍然规定员工应该几点上班、几点下班，并没有给工人增加多少自由，尤其是在挑选他们适合的工作时间方面。

2. 弹性工作时间

弹性工作时间是要求员工每周工作一定时间，但在限定范围内可以自由变更工作时间的一种时间安排方案。一天的工作时间由共同工作时间（通常为5~6小时）和环绕其两头的弹性工作时间组成。例如，不算1小时的午餐休息时间，核心的共同工作时间可能从上午9点到下午3点，而办公室开放时间实际上为上午6时到下午6时。在共同工作时间核心区内，所有的员工都必须在岗，但在这一核心区段前后的剩余时间，员工们可做集中、灵活的安排。有些弹性工作制方案还准许累积额外的工作时间，从而每个月内可以腾出一整个自由日。弹性工作制的效果如何呢？大多数证据都支持其有利的方面，如减少缺勤、提高士气、促进生产等。例如，有一项研究发现，在所调查的公司中，弹性工作制使拖拉现象降低了42%，士气提高39%，生产率增加33%。对这种结果的解释是，弹性工作制可以使员工更好地根据个人需要安排工作时间，并给予员工一定的工作时间安排自主权。其结果是，员工更可能将工作活动调整至最具生产率的时间内进行，同时更好地将工作时间同他们工作以外的活动安排协调起来。

弹性工作制也有其缺陷，特别是在对管理者工作的影响方面。它会给管理者在核心的共同工作时间以外的时间对下属人员进行工作指导带来困难，并导致工作轮班发生混乱。当某些具有特殊技能或知识的人不在现场时，它还可能导致问题更难以解决，同时使管理人员的计划和控制工作更为麻烦，花费也更大。另外，像对于百货商店的营业员、办公室接待员、装配线上的操作工，以及与组织内外的其他人有关联的员工来说，弹性工作制通常不可行。

3. 职务分担

职务分担方案是近来工作时间安排上的一大创新。它允许两个或多个员工分担原来一周40个小时的工作，比如一个人可能从上午8点干到12点，另一个人接着从下午1点干到5点。

管理者为什么会赞成职务分担的想法？因为它可以使组织为一个既定岗位招聘到更多人员，如退休人员、学生等不能提供全日制服务的熟练人员，但他们可以与其他人一起分担这项职务的工作。此外，职务分担还能促进生产率的提高，因为实行职务分担的员工通常比正常的全日制员工具有更好的出勤记录。

4. 电子通信

计算机技术为管理者安排工作提供了又一个可行的选择。这一选择就是让员工通过电子通信在家里工作。现在，许多白领的工作可以在家里进行——至少从技术上可以实现。因为借助调制解调器，一个员工可以将家庭电脑与其工作伙伴及管理者的家庭电脑联结在一起。利用电子通信有两大益处：一是减少了繁华市区交通上的时间耗费和心理压力；二是提高了处理家庭问题的灵活性。

07

会议的时间管理

现代社会分工精细，一件事情需要很多人协作才能完成。一个管理者给下属布置工作，要开一个会；各职能部门之间如何协调，又要开一个会；协调得更好，还要开一个会；职能部门之间出点意外或者矛盾，又要开一个会。此外，还有最受关注的讨论升职加薪及分房的会；最多人溜号及心不在焉的全体大会；小范围的骨干会议及部门会议，因为有面授机宜的意思，倒没人打瞌睡，聚精会神之下各人心领神会地分头行事；最多人瞧热闹的是公审大会及文艺晚会；最多人蹦蹦跳跳的是运动会；最没有压力的是庆功会，如此等等。开会就是现代人的生活。

1. 明了开会的秘密

人生活在社会中都或多或少地要参加各种会议。有人总结说："所谓开会，是指两个或更多的人聚在一起，时间超过20分钟的活动"；也有人说："开会，不过是'一人云，众人听'，或者'众人云，众人听'"；也有人说："会议是一种处理各种事情的必备工具"……至今，人们对会议尚无明确一致的定义。

一提到开会，人们就想起文山会海，好像它是现代社会的衍生物，其实不然，古代的会也很多，而且得天天开，只不过那时不叫开会。皇上召集会议，讨论国家大事叫坐朝，元帅、将军解决军事问题叫升帐，地方官开会处理地方政务叫升堂，其实都是在开会。

开会这种活动形式发展到今天，已经到了"人人都离不开的地步"。据调查统计，管理者的工作时间一般有30%左右，有的甚至高达80%是在会议上消耗掉的。既然如此，管理者就要学会对会议进行时间管理，以提高工作效率。

2. 开会的准备技巧

会议是许多人损失时间的重要原因，只要把出席会议的时间集中起来计算一下，就能准确掌握自己因出席会议而损失了多少时间。

据统计，一个管理者的时间中有20%～80%用于会议。一周内大多数公司管理者要出席公司内的6次会议，共花费9小时。在一次问卷调查中，有3/4的人尖锐地指出："用于会议的时间有一半是浪费的。"

从节约时间的着眼点出发，要提高会议的效率，每次开会前都要对是否需要开始、在什么情况下开会、哪些人应该出席会议、如何提高会议的效率等问题进行分析。

（1）应该在什么情况下开会

当存在下面列举理由中的一条或多条时，便应该开会。

A. 必须实行新的方法代替旧的方法时。

B. 出现会使当前工作发生重大变革的问题时。

C. 必须要具备不同知识和经验的人进行讨论才能得出结论时。

D. 参加会议的人们由于受到会议的影响将比较容易接受会议作出的决定时。

E. 按正规管理规则的步骤不能及时解决问题时。

F. 会议上的讨论对于参加者来说有重要价值时。

（2）应该让哪些人出席会议

在考虑让谁出席会议时，应当要考虑清楚让其出席会议的原因和必要性。如果没有必要，就可以让其去做更有意义的工作。

考虑让谁出席会议，可以依据以下标准：

A. 这个人对于会议将要讨论的问题具有专业知识吗？

B. 这个人与会议将要作出的决定有关吗？

C. 这个人以前有过这方面的经验吗？

D. 这个人将会执行会议的决定吗？

（3）制订会议议程

为提高会议质量，避免造成时间的浪费，就要求组织会议者、主持会议者及参加会议者认真研究会议，驾驭好会议。

首先要制订出科学的会议议程，正确合理的议程是会议成功之母。至于如何准备及其使用议程，应注意以下几个方面。

A. 预先将议程公布出来。最好在开会前两三天内完成，好让人们有时间去准备相关的资料。

B. 将需要讨论的事项分项列出。如果在会议中要谈多个主题，就应该将议程表预先分送给出席人员，或在他们到达会场时分发给他们，使他们明白会议的进度。如果每位出席人员都知道会议的结束时间，而且意识到还有一些题目没有讨论，大家便会自觉缩短对一个题目的讨论时间，从而为后面的题目留下时间。

C. 将讨论事项按重要程度排列。讨论下一个问题之前，必须先将前项问题解决，绝不能议而不决。同时还要一面主持会议，一面检查议论事项是否有结论。

D. 以问题的形式列出所要讨论的项目。会前指定人来回答问题，会中所得到的答复就会非常得体，避免因答非所问而白白浪费时间。

成功的时间管理者主持会议时，一般都把比较简单、属于报告性质的题目安排在一开始，而把耗时多的题目或论点安排在最后。

对于那些耗时多、需要大家讨论的题目，时间管理者一般会首先简要说明其主题和附带问题，避免反复解说占用较长时间。

E. 以分钟为单位，为每一项目安排足够的讨论时间。为了避免讨论离题，应严格遵照时间表。要记住这样一条规律："对所有问题绝不能一视同仁，否则时间的分配与问题的重要性，就会成为反比关系。"

F. 将会议集中在一道开也是节省时间的一个有效方法。可将 2～5 个会（当然所花的时间都很短）紧密地安排在同一张时间表中，不仅处理起来简便迅速而且比分散召开更有效率。若将所有的会都安排在上午来开，下午的时间就可用来做其他重要的工作。

3. 缩短会议时间的技巧

只要有 3 人以上，且有议程，便具备了开会的条件。可是，大家对为什么开会似乎没有仔细想过，反正只要是有事要讨论、研究，就必定要开会。而且，一开就是一上午或者一下午，这往往造成时间和金钱的浪费。因此，时间管理者有必要掌握一些节时技巧。

（1）下午快下班时召集会议

上午是黄金时段，可用来做需周密思考的工作。会议本是一种低效率的管理行为，所以千万不要将高效率时段用来做低效率结果的事。周一及周五的下午是管理的黑暗期，最好不要用来开会或做决定，避免"议而不决、决而不行"。

有一位公司经理发现下午快下班时召集会议，便可以在很短的时间内结束会议。

他介绍说："一般人都想早点回家，所以这时在会上就不多讲废话。列席人员会主动把注意力集中在问题的症结上。结果，上午开会要 3 个小时才能解决的问题，拿到下班前来讨论，只需一个小时甚至更短的时间就可以解决了。"

（2）采用分点而非整点开会

时间有递延效果，例如，早上 9 点开会开到 12 点，10 点开也会开到 12 点，11 点开始仍会到 12 点结束。因此，我们若能在 9 点 45 分至 11 点，或在下午 3 点半至 4 点半举行会议，那会前、会后就有更多时间进行准备和沟通。

（3）站着开会

有的时间管理者推荐"站着开会"。某时间管理者就是如此，他没有一张像样的办公桌，需和公司员工谈话时，他就亲自到员工办公室里去，即使是开会，他也是站着说话。他认为，站着开会既不需要准备会场，又能迅速、有效地取得成果，讨论时也会减少那种空洞无物的长篇大论。

（4）让代理人出席会议

无论是请你参加的会议，还是需你自己主持的会议，如果让代理人出席，就能节约你的时间。代理人可把会议内容记在笔记本上，然后向你汇报。

你也可以仅让代理人代你出席会议开幕式或闭幕式，这样也可以节省部分时间。

（5）限制会议时间

有一些时间管理者把自己主持的会议时间限定在1小时之内。他们在开会前，先上一个小时的闹铃，到时间就结束会议。

一位坚持这种方法的时间管理者曾说："在规定时间内，如果讨论不完某一个问题，或没有达到作出决议的地步，这就说明这个问题放到本次会议来解决是过大了。会后最好先进行个别交谈，在此基础上再处理。"

有关的调查结果显示，大部分会议都不应该拖到一个半小时以上。如果超过，疲劳和无聊感就会越来越强烈，与会者对会议的关心反而越来越淡薄。

（6）午饭前开会

有的时间管理者喜欢在午饭前召开会议，因为此时大家肚子都饿了，就不会浪费时间来讨论一些无聊的事，而会很自然地全力以赴讨论正题。

（7）参会人员愈少愈好

不要因为这个人与这件事有一点点相关，就找他来开会，只要会后把结果告诉相关单位或个人即可。

（8）会议室不可太过舒适

安逸的环境会延缓会议的进行，尤其不可有电话、茶点和有扶手靠背的沙发，这种环境不适合解决问题。会议中不可有任何干扰，送资料、茶水或接打电话都是禁忌。

（9）会议避免例行性

参与会议的人有个习惯，如果每周三开会，则待议的事都要到周二才会进行协调或准备。会议如果每周一次，可以规定在每周二或周四下午。"或"这个规定有弹性，就由"例行性"变成"经常性"，在管理上就更符合时间控制的要求。

（10）尽可能采用电话会议或图文电视会议

外地及跨国的差旅费异常昂贵，如果用视讯会议系统，可以减少会议开支。

（11）会后记录应于72小时内送交与会人员跟催

会议记录需经与会人员签字、主席认定无误之后再传交与会人员。每件跟催事项都要有时限，因为"时限"代表"实现"。

第四篇 决策

高瞻远瞩，多谋善断

决策就是出主意、想办法、做决定的活动过程。美国学者马文曾经在部分高中层管理者中做过调查："你认为每天最重要的事是什么？你每天在哪些方面花费的时间最多？你在履行职责时感到最困难的是什么？"

结果90%以上的答案都是决策，简单而有效的决策技巧被看作是提高管理水平和质量的重要途径。

第一章
优秀的管理者一定要有智慧决断的魄力

正确的决策是管理者的第一要务,是管理者的基本职能之一。作为管理者,就是要用自己的智慧为团队带来利益,这就要求优秀的管理者必须能够做出明智的决定。

决策本身既是一件硬性工作,也是一件弹性工作,不能固执行事,应该采取灵活的方法,控制好决策的过程,该先就先,该后就后,而根据实际做出弹性处理也是管理者的智慧所在。

01
决策与魄力

现代社会要求决策具有一定的效率,因为只有这样才能适应瞬息万变的竞争。决策时的犹豫不决、有意或无意的拖延常会降低决策的效率。在犹豫不决时,管理者首先要找出拖延的主要原因,这样才能对症下药,着手改进。

你可以首先列出几个悬而未决的决定,然后认真分析,看这些问题为什么会进入决策系统，是从哪里进入的，并且找出共同的原因。接下来要判断问题的解决是否在自己的权力范围内：如果是，就立即动手解决；如果不是，还要寻求其他人的支持。之后可以设法制造一件能使决策过程的改进迫在眉睫的事件，并且要准备与对改革有最大影响力的人公开对话，注意不要漏掉每一个对改革有影响力的人。可以将自己的改革建议与理由写成文稿，并举出实例，以增强说服力，而且改革建议应包括两三个可供选择的方案。

在改革决策过程的方法中，可以有以下几种选择：

1. 组建高效率的团组，以便依靠团组的力量形成更好的决策方法。这个小组应当反衬出那些使决策过程被拖延的各个团组和部门的状况。

2. 使重大决策的范围缩至最小。这个范围应能保证取得很大的成功，以便增强信心，为接下来的改革提供支持。

3. 下调决策制定的层次。发掘企业中能干、守信、有责任心、高素质的人才，给予他们相应的决策权，同时也要有制衡机制，防止这些人才做出对企业不利的决定。

4. 把决策过程划分为逐步递进的阶段。让决策者作出每一阶段的决策，给予他们制定决策的机会，提高他们制定决策的能力，注意在与他们的交往中介绍情况，提出建议。待他们成功地制定了决策时，及时鼓励他们。

你在改进决策过程时，还要注意以下问题，以免出现差错。

首先，不要把犹豫不决、拖延看作是别人的过错，不然就没有人敢于提出自己的想法了。认真分析几个决策过程后，你会发现事先准备得充分与否以及呈报时的陈述方式都会对决策产生很大影响，有时甚至会成为阻碍决策的主要因素。因此，有必要培养每个人的能力，让他们学会如何使重要的信息引起别人的注意，怎样将自己的想法、计划、提议或报告明确清晰地向听众进行阐述。

其次，要注意是否全体员工都有躲避发言的行为。如果是，就让大家共同讨论为何躲避，想办法使全体员工学会采取行动，迈出前进的步伐。

最好的办法是让大家共同参与，共同设想如何采取办法付诸行动。这时你组建的小组对解决这个问题会有很大的帮助。

02

决策与冒险

敢于冒险对于决策者而言是很重要的，要做到这一点有两种方法：

1. 要敢做"不赚钱的买卖"

世界"假日客栈之父"、美国巨富威尔逊在创业初期，全部家当只有一台分期付款"赊"来的爆玉米花机，价值 50 美元。第一次世界大战结束时，威尔逊赚了点钱，便决定从事地皮生意。当时干这一行的人并不多，因为战后人们都很穷，买地皮修房子、建商店、盖厂房的人很少，地皮的价格一直很低。

听说威尔逊要干这种不赚钱的买卖，一些朋友都来劝阻，威尔逊却坚持己见。他认为这些人的目光太短浅，虽然连年的战争使美国经济衰退，但美国是战胜国，经济会很快复苏，地皮的价格一定会暴涨，赚钱是不成问题的。威尔逊用自己的全部资金再加一部分贷款买下了市郊一块很大的地皮。这块地由于地势低洼，既不适宜耕种，也不适宜盖房子，所以一直无人问津。可是威尔逊亲自去看了两次之后，便决定买下那块杂草丛生的荒凉之地。

这一次，连很少过问其生意的母亲和妻子都来出面干涉，可是威尔逊却认为，美国会很快繁荣起来，城市人口会越来越多，市区也将会不断扩大，他买下的这块地皮一定会成为"黄金宝地"。

事实正如威尔逊所料，4年之后，城市人口剧增，市区迅速发展，马路一直修到了威尔逊那块地的边上。大多数人这才突然发现，此地的风景实在迷人，宽阔的密西西比河从它旁边蜿蜒而过，大河西岸杨柳成荫，是人们消夏避暑的好地方。于是，这块地皮身价倍增，许多商人都争相出高价购买，但威尔逊并不急于出手，真是叫人捉摸不透。

其实这便是成功经营者高明的地方，威尔逊自己何尝不知道这块地皮的身价，不过他却看得更远。此地风景宜人，必将招来越来越多的游客，如果自己在这里开个旅店，岂不比卖地皮更赚钱？于是威尔逊毅然决定筹措资金开旅店。不久，威尔逊便盖了一座汽车旅馆，取名为"假日客栈"。假日客栈由于地理位置好、舒适方便，开业后游客盈门、生意兴隆。从那以后，威尔逊的假日客栈便如雨后春笋般出现在美国与世界其他地方，这位高瞻远瞩的"风水先生"获得了巨大的成功。

做生意如同下棋一样，平庸之辈往往只能看到眼前一两步，而高明的棋手则能看出后五六步甚至更多。遇事处处留心，比别人看得更远，这样作出的决策才能切合市场发展的需要，达到决胜千里之外的目的。身为现代企业的管理者，必须在这方面多下功夫。

2. 要敢于相信自己的商业直觉和眼光

世界旅店大王希尔顿一生有三条原则：信仰、努力和眼光。不论做哪一行，若想做得比别人更出色，他认为首先必须具备高瞻远瞩的目光，唯有如此，才可做出正确的决策。把握不了市场的变化，看不出行情的发展趋势，决策便很有可能会失误。

③

决策的正确思路

决策是企业管理中最重要的活动，是企业管理者最重要的职能，决策的正确与否关系到企业的生死存亡，水平高低关系到企业的发展水平。企业管理者是企业的决策层组成人员，其素质决定了自身的思维高度，从而决定了其所做决策的正确与否和水平高低。

即使最优秀的管理者也不可避免地会做出一些错误的决策。钢铁业巨头肯·埃弗森有过一段精辟的论述："从哈佛取得工商管理硕士可以说是不错的了，可是他们所做的决策有 40% 都是错误的。最糟糕的管理者作出的决断则有 60% 是错误的。"在埃弗森看来，最好的和最糟的之间只有 20% 的差距。即使经常出现差错，但也不能因此就惧怕做出任何决策。埃弗森认为："管理人员的职责就是做出种种决策。不做决策，也就无所谓管理。管理人员应该建立起一种强烈的自尊心，积极地敦促自己少犯错误。"如果掌握了正确的思路，管理者们完全可以把错误率降低。正确的思路即是对决策的难易程度做到心中有数。处理棘手的问题一定要格外谨慎。身为管理者，尤其要注意下列三方面的问题：

1. 决策时务必全面掌握信息，参加竞争必须谨慎

有时候出于种种原因，我们还没来得及掌握全面的情况，就不得不凭直觉做出各种决策。在这种情况下做出的决策极有可能是错误的，因此必

须尽可能全面地掌握信息，从而做出正确的判断。

2. 切莫过分自负

自信给人勇气，使人做出大胆的决策；自负则是自不量力，毁人毁己。

生意场上会时时传来各种好消息与坏消息，我们常会因好消息而忽略了坏消息的存在。

设想为了把一款新型洗发香波投放市场，我们做了一个市场调查。调查结果显示，58%的消费者对这种香波表示认可。这是一个令人鼓舞的数字，它说明超过一半的消费者会去购买这种产品。

不过，事情还有另一面。42%的消费者不喜欢这种香波，这又说明有将近一半人会拒绝使用这种产品。但人们往往只见那58%，沉浸在58%所带来的喜悦之中，而看不见那42%。殊不知，如果他们再稍微关心一下那42%，结局也许会更完美。

好消息就这样把人们带入自满、自足的境地，从而削弱人的积极性、上进心。

另外，好消息造成的盲目乐观也会给公司经营带来不利，可如果得到的是坏消息，效果就截然不同了。比如有人组织一场体育比赛，计划获利5万美元，可实际结果却与设想大相径庭，最终反而赔了5万美元。消息传开，上上下下为之反思，大家会纷纷要求削减开支，裁减冗员，甚至一张纸也不会轻易浪费。令人不解的是，为什么在有利可图的时候大家想不到节约，而非要等到火烧眉毛的时候才做"何必当初"的感慨呢？可见，做决策之前，正反两方面都有所考虑是大有裨益的。

3. 不要墨守成规

生意场上最可怕的是认为万事不变：顾客不会变，他们会一如既往地购买自己的产品；委托人不会变，他们永远觉得你真诚可信；竞争对手不会变，他们将永远停留在原来的水平上。

成功的管理者绝对不会有这种墨守成规的想法，因为他们深知敏锐的洞察力和快速的反应能力是事业成功的关键。尤其是在当今科技、经济飞速发展的时代，快速的应变能力显得尤为重要。

许多人在做决策之时往往只凭经验，而不去想想环境发生了什么变化。他们会凭几年前的失败经验告诉你："老兄，5年前我就这么做了，根本行不通。"他们没有想到，5年后情况发生了变化，以前不适用的做法现在没准儿恰逢其时。

还有一种人，他们死死抱住以前的规矩，不敢越雷池一步。他们顽固地认为："这个方法5年前有效，现在当然还有用。"在他们眼里世界是静止的。

因此，每当你做出新决策前，千万不要犯墨守成规的错误，不要以为你以前失败过现在还会失败，也不要以为你以前成功过现在仍会成功。

04

要有听真话的胸怀

法国社会心理学家H.M.托利得提出：测验一个人的智力是否属于上乘，只需看他的脑子里能否同时容纳两种相反的思想，而无碍于其处世行事。两种相反的思想共存，说明你能够听进不同意见，或者说，听到反对意见时不是暴跳如雷，而是能耐心倾听并加以分析。这说明你已经将问题的两个方面都考虑到了，如能够充分加以分析，会对决策起到积极的影响。

三国时，袁绍就是因为不能容忍反对意见而最终以十万之师败给了曹操的数万大军。袁绍兵多谋众粮足，宜守；曹操兵强将勇粮少，宜速战速决。

袁绍起兵应战，田丰极力反对，被关入囚牢。袁绍果败，大伤元气，因大悔"吾不听田丰之言，兵败将亡；今回去，有何面目见之耶！"逢纪乘机进谗言，袁绍恼羞成怒，决意杀田丰。

田丰在狱中，狱吏贺喜说："袁将军大败而回，君必见重矣（您一定又会被重用啊）。"田丰怅然说："袁将军外宽内忌，不念忠诚。若胜而喜，犹能赦我；今战败则羞，吾不望生矣。"果然使者奉命来杀田丰，最终田丰自刎而死。

而曹操面对不同意见，采取的却是与袁绍截然相反的态度。曹操初定河北后，又与众人商议西击乌桓，曹洪等人极力反对。曹操听从郭嘉之言，费尽艰难攻破了乌桓。回到易州后，曹操重赏先曾谏者并诚心对众将说："孤前者乘危远征，侥幸成功。虽得胜，天所佑也，不可以为法。诸君之谏，乃万安之计，是以相赏。后勿难言（以后不要怕提意见）。"

田丰的反对意见是对的，袁绍却把他杀了。像这样的糊涂上级，今后谁还敢再提反对意见呢？他又怎么能逃脱惨遭失败、受人耻笑的结局呢？袁绍四世三公，根基深厚，曹操也深为叹惜："河北义士，何其如此之多也！可惜袁氏不能用！若能用，则吾安敢正眼觑此地哉！"

曹操则相反，从善如流，不闭目塞听，即使反对意见有错，仍然大加奖赏，鼓励大家多讲，因为反对者总有反对的理由，其中必有可取之处。如果侥幸成功，就轻视、取笑甚至惩罚提反对意见者，那只会让众人变得唯唯诺诺而已。

管理者拥有权力、地位，容易被阿谀奉承、阳奉阴违所蒙蔽而听不到真话。现实生活中，为了赢得上级的欢心和偏爱，不少下属讨好甚至糊弄上级，说假话蒙骗上级的现象屡见不鲜。因此，一个优秀的上级必须要有听真话的诚意、胸襟和行动。

某上级带领下属一行10人，乘坐一艘小船到某海岛游玩。归途中，上级提出暂不回航，到另一小岛上去玩。其中一人提出："那岛周围暗礁多，流急浪大，很危险，还是不去的好。"上级听后很不满意，厉声说道："不要说不吉利的话，扫大家的兴，风平浪静有什么意思？同意去的站到左边，不同意的站到右边。"很多人察言观色、溜须拍马，结果一个个都向左边走去，当右边只剩下一个人时，小船由于重心偏移，翻了过来。

都站在一边，并不是好事。上级独断专行，讲真话者受到排挤、孤立，谁还愿意讲真话呢？上级想听到真话，就必须以开放的心灵容纳别人的想法，发扬民主作风，让群众想说、敢说，真正做到言者无罪、闻者足戒。

另外，上级应该认识到，敢提意见的人，并非对自己有成见。多数敢提意见的人，是相对有事业心、责任感强、思想敏锐、关心工作的人。老子曾说："信言不美，美言不信。"意思是说真话未必中听，中听的话未必真实。一些意见可能比较偏激，不全面、不正确，个别人甚至可能意气用事。发泄不满，对此，上级要有气度、有雅量，辩证地看待，不能因与自己意见不合而抱有成见。上级要有实事求是的精神和宽广的胸怀与肚量，听到一些过激的言语时，不要气恼，要宽容、忍让，耐心地让对方把话说完，然后再心平气和、实事求是地说明情况、讲清道理，这样才不至于堵塞言路，才能表明自己提倡、赞赏、鼓励、支持说真话的态度。当然，在听取不同意见或反对意见时，也要分清真伪，分清凿凿之言、肺腑之言和毫无根据的谎言。要分清好坏，分清金玉良言和别有用心的谗言。要分清虚实，分清不含水分的实在话、毫无意义的空话和言过其实的大话。只要上级放下架子，多一点人情味，以诚相待、平易近人，真心和下属交朋友，就能以自己的真情换来部下的真心。

05

倾听不同的意见

在管理者的必备条件中,最迫切需要的是良好的倾听能力及善于整合所有成员意见的能力。即使其工作能力不是很出色,或拙于言辞,但若能当一个好听众,并善于整理、综合众人的意见而制订目标,就能成为一个优秀的组织领导人才。管理者不能闭门造车,而要不厌其烦地多方倾听别人的意见。善于倾听的管理者容易使人产生亲切感而更敢于亲近。因此,管理者必须谦虚,抱着学习的态度,如此才能成为一位好听众。相反,自我表现欲过强者常令人敬而远之。自己有说话的权利,更有听别人说话的风度,这才是民主的最高表现。

管理者不可能个个都是面面俱到的专家,难免存在"知识盲点",因此多听听不同的意见,有助于形成信息通畅、科学民主的决策机制。反之,如果领导者凡事都搞"一言堂",极容易造成决策失误,贻误发展机遇。管理者多深入基层,多倾听干部和群众的建议或意见,以博大的胸襟包容"不同声音",才能在"不同意见"中开阔视野、明晰思路,才能避免独断专行、闭门造车。

如果管理者在与人谈论时,能设身处地耐心听人倾诉,并不在意谈话时间的长短,必能得到众人的信服。因此,做一个好听众是成为优秀管理者相当重要的条件。

唐太宗曾问魏征:"历史上的国君,为什么有的明智,有的昏庸?"魏征答道:"兼听则明,偏信则暗。"接着,他列举历史上的人与事说:"秦二世只听赵高的,隋炀帝偏信虞世基,结果耳目闭塞,导致国家灭亡。国君如果能多听各方面的意见,采纳下属的正确主张,下情上达,就会明智;如果只听单方面的话,就会被蒙蔽而导致昏庸。"太宗听了魏征的话,连连点头称是:"明主思短而益善,暗主护短而永愚。"

戴高乐将军文笔优美,又勤于写作,因此他与智囊团中的重要组成人员——"笔杆子"的关系就很特殊。他需要这些人,需要他们就他指定的题目撰写发言稿和文章,但这些"笔杆子"为他撰写的东西却常常不能为他所用。

有一次,一位智囊为他起草了一份发言稿,自认为十分满意,可当第二天拿到戴高乐批阅过的稿子时,他失望了,因为戴高乐已经把它改得面目全非。这位智囊判断戴高乐对自己很不满意,自己将面临被辞之险。于是他尴尬地问:"我是不是还有必要留在总统府工作?"戴高乐淡然一笑说:"当然有必要了!我需要一份讲演稿,为的就是和他唱反调。"戴高乐就是以这样的方式,与自己身边的智囊进行运筹于帷幄中的较量,从而深化和发展自己的思考,肯定或否定自己的决断,和自己想象中的论敌或政敌进行争斗。于是,他要求顾问和智囊不断地给他写报告、文件和备忘录,当他面对它们时,就像面对能言善辩、勤于思考的饱学之士。

戴高乐是个来文必复的总统。他阅过的文件第二天一定会退回作者,上面留有他对文件同意、否定、争论或是赞扬的批语,而这些顾问和智囊们就会在他简短的指示中找到他们所需要的东西。

凡是有头脑的人都具有自己的思想,但又不迷信自己的思想,他们总是在兼听他人的想法之后来肯定或否定自己的决断,做出自己的结论——所以谁也不敢轻视这种人。

能辩证地倾听、整合下属成员意见的管理者,必是一位优秀的管理者。即使开头不能做得很好,只要以此为努力的方向,终将成为出色的管理者。

06

大主意最后自己拿

管理者不能过于相信身边的贪婪之辈，他们会为了私情而做出不合法度的事。人才的招揽与举荐，工作的计划与建议，这些可以交给下属去处理，但是管理者必须具备辨别是非、善恶的能力，必须掌握决断、取舍的权力。所以姜子牙告诉周武王说："无法独自做出决定，依靠别人的意见做决定的领导，是失败的领导。"不能独自决定是否抛弃，依赖众人的建议决定抛弃；不能独自决定是否获取，依靠众人的建议决定获取；不能独自决定是否实行，依赖众人的建议决定实行；不能独自决断是否奖惩，依赖众人的建议决定奖惩，这样的管理者如何履行自己的职责？

历史上无数圣明君主和伟大领袖，每当遇到重大决策问题时，事先都会广泛地征求众人的意见，但最后的决定权必须掌握在自己手中。历代兴国的贤明君主喜欢采纳身边人的建议，历代亡国的昏庸君主也喜欢采纳身边人的建议。建议相同，但前者使国家强大，后者使国家衰败，出现这样的反差完全在于君主的辨别能力和决断能力。

战国初期，赵国国君武灵王年轻有胆识，继位后决心振兴赵国，锐意改革。他看胡人骑马，身穿紧衣，脚穿皮靴，骑上快马纵横驰骋，何等便捷。再看看赵国，人人讲究穿大袍，干什么都不方便，尤其不适应兵车作战。于是武灵王决定改革服装，改战车为战马。他召集群臣共商改革之事，大夫楼缓表示赞成，可是一些保守的大臣不赞成，而武灵王的叔父公子成反对得最为激烈。武灵王于是犹豫起来，不敢决断。大臣肥义进言，声称改革是大事，办大事不能犹豫不决，如果犹豫将很难成事。大王认为是对的，说了就要下决心干，反对的声音只能作为决断的参考，但不能影响决断。武灵王觉得这番话说到心坎上了，对改革的信心倍增。他做通叔父公子成的工作后，赐他一套胡服，次日朝见，大臣们也就跟着改穿胡服了。之后他又下了一道命令，号召全国人民不分贵贱，一律改穿胡服。改革服装成功之后，武灵王接着对军队兵种进行改革，号召军人武士学习骑马射箭。不到一年，赵国练就了一支强大的骑兵队伍。公元前305年，赵武灵王率骑兵打败了中山、林胡、楼烦等几个国家，赵国在列国中的威望有了极大的提高。赵武灵王改革的成功经验很有影响，临近的燕国、秦国等也争相效仿，根据自己的国情进行改革，促进了社会的进步，而这一切均源自赵武灵王当初的英明决断。

张江陵说："大事在于思虑周详，计划在于身体力行，谋略在于集思广益，决断在于自己。"

管理者要有辨别是非善恶的能力，同时要把握住决断、取舍的权力。美国前总统里根是一位"明星总统"，他在担任领导人期间，个人风格发挥了不容忽视的作用。里根是一位现实主义者，实行的治政方针明确而又有条理，一经确定便坚定不移地加以推行，但坚定并不意味着一意孤行，里根也很善于博采众长。出任州长8年的里根不能说没有领导经验，但在许多领域他并非内行，然而精力旺盛的他喜欢与各界人士进行直接的接触和对话，从中了解情况、增长知识。里根说："一个领袖必须具有能够适应新环境的能力。"早在担任加州州长时期，他就显示了这种能力。在解决某一方面问题前，他总要召集各方开会，时逢下级来请示工作，他常常反问一句："前任州长是怎样处理的？"在广泛了解了方方面面的意见以后，他择其中之精华，自己做最后决定。有人说他不像个州长，倒很像个甩手"董事长"：小事不管，大事靠别人出主意。里根对此评语不以为然，他对州政府官员们说："当州长就要像当董事长一样，管好大事就行了。至于小事，我相信你们都能管好。"里根出任总统以后，仍然坚持这种工作作风，长袖善舞，广结人缘，顾及公众利益、国会反应、党派利益等各种因素，不拘成规，果断决策。可以说，里根为其他领导人树立了一个很好的榜样。

在企业中经常会遇到这种情况，新的意见和想法一经提出，必定会有反对者。其中有对新意见不甚了解的人，也有为反对而反对的人。一片反对声中，管理者犹如鹤立鸡群，陷于孤立之境。这种时候，管理者不要害怕孤立。对于不了解的人，要怀着热忱，耐心地向他们说明道理，使反对者变成赞成者；对于为反对而反对的人，任你怎么说，恐怕他们也不会接受，那么就干脆不要寄希望于他们的赞同。

重要的是你的提议和决策是对的，只要真理在握，就应坚决地贯彻下去。决断不能由多数人来做出，多数人的意见应当要听，但做出决断的只能是管理者个人。

第二章
正确决策是工作成败的关键

决策是管理者的基本职能之一，正确决策是事关兴衰存亡的大事，是管理者工作的核心。

01

审慎地选定正确的决策

什么是决策？

广义地说，决策是一个过程，包括做出最终决定后必须进行的一切活动，如搜集资料、确定目标、拟订方案、评估选择方案、追踪反馈等。它既是一种实践活动，又是在对客观规律及相应条件有所认识、掌握的前提下，在主观意志的参与下进行的一种认识活动。狭义地说，决策是在几种方案中做出抉择，即通常所说的"拍板"。其实，这最后的"拍板"只是决策全过程中的一个环节。

决策是人类社会确定方针、策略的重要活动。人和集体的各种行动都受决策的支配，它指导人们向未来的目标前进。决策定义包括以下一些内容：

（1）决策是为了解决某一问题而做出的决定。

（2）决策是为了达到预定目标，如果没有目标，就没有方向，也就无法进行决策。

（3）决策是为了开展正确行动，如果只是盲目行动，那就用不着决策。

（4）决策是从多种方案中做出的选择，不进行比较、选择，就没有决策。

（5）由于决策是面向未来的，因此要做出正确的决策，就要进行科学的预测。

公元前700年，楚国攻打绞国。当时，楚兵驻扎在绞国都城南门外，绞国紧闭城门不出。大臣屈瑕向楚王献计说："绞国国小，却很轻率，轻率就缺少谋略。我请派一些不带武器的士兵上山打柴，引诱绞兵出城，然后攻破它。"

楚王觉得屈瑕言之有理，听从了他的建议，并做出决策。屈瑕派了一些士兵上山打柴，绞国士兵看到楚兵在山上打柴便前来捉拿，第一天就擒获了30人。第二天，屈瑕照样派人上山打柴，绞兵为了邀功，很多人都抢着出城到山上擒拿打柴的楚兵。绞兵没有想到，这时楚国已经把军队调集到绞国的北门之外，在山下埋设好伏兵。当绞兵经过时，楚国伏兵突然发起攻击，一下子将绞兵打败了。楚国兵临绞国城下，迫使绞国订下屈辱和约，成为楚国的附庸。

楚国对绞国的进攻决策，是一个调虎离山之计，使对方顺着自己设计的圈套钻，所以轻而易举地获取了胜利。而绞国派兵去擒获上山打柴的楚兵的决策，是在不明情况的前提下做出的错误决策，结果导致了惨败。

领导工作和战场打仗一样，决策是否正确直接影响着工作成绩的好坏。所以，万事开始行动之前，必须审慎地选定正确的决策。

决策是一个过程，是先从实践中获得规律性认识并形成概念，再由抽象到具体形成决策以付诸实践的过程。因此说，决策过程就是一个主观反映客观的动态认识过程。实践既是决策的起点又是它的终点，决策过程是认识论中两个飞跃的中间环节，这个过程贯穿着人的逻辑判断，尤其是创造性的思维活动。

在整个决策过程中，要注意区别决策研究同决策行动两个环节。决策研究是智囊团的职责，主要表现在"谋"上；而决策行动是管理者的职能，主要表现在"断"上。谋与断是有联系的，多谋才能为善断创造条件，但"谋"不能取代"断"，"断"也不能脱离"谋"。"谋"得是否科学，由智囊团负责；"断"得是否正确，由管理者负责。"谋"与"断"要明确分工，以各司其职、各尽其责。

02
科学决策有方法

在大多数人的眼里，决策有点像"上帝的骰子"一样难以捉摸、神秘莫测。在社会变化越来越快、生产经营活动越来越复杂的今天，仅凭一两个人难以言传的智慧、经验和直觉来决策，显然是远远不够的。科学决策虽然没有一个固定不变的公式，但是作为对科学决策活动规律性描述的决策程序则是任何管理者都必须遵循的。

科学决策具有下列特征：

1. 目标性

决策总是为了达到一个既定的目标。在一定的条件和基础上，确立希望达到的结果和目的，这是决策的前提。有目标才有希望，有目标才能衡量决策的成功或者失败，所以目标选择是决策的首要环节。找准决策目标很关键，如果目标确定不当，必然会影响到其后一系列措施和行动的合理性。企业管理者与有关人员应根据收集的企业内外部情报信息进行集体讨论和研究。如果在目标研究的过程中出现了不同意见，要尽量做到统一。经反复研究仍不能取得一致意见时，不同的意见可作为几个不同的决策方案，然后通过分析比较再作出最佳选择。

2. 择优性

决策必须根据既定目标，运用科学手段评价各种方案的可行性，选择最优方案。择优包括两个方面：一是目标选择，即寻找优化目标；二是方法选择，即寻找达到目标的最佳方法和途径。

3. 可行性

决策是为了实施择优的方案，不准备实施的决策是毫无意义的。决策的可行性，首先取决于它所依据的数据和资料是否准确、全面，因此科学决策一定要建立在科学预测的基础上；其次，决策方案与实际情况必然存在一定的差距，为此决策应富有弹性，要留有余地，使需要与可能相结合，以保证目标实施的最大可能性。

具体地讲，科学决策的程序一般由以下几个步骤组成。

1. 提出问题

管理工作是纷纭复杂的，因此管理者要经过大量的调查、研究、分析、归纳，特别是要抓住关键性问题，通过创造性思维，敏捷而准确地把亟待解决、关系重大的问题摸准抓住。

2. 确定目标

就目标与效率相比较而言，提高效率固然重要，但谋求好效果的决定性因素是要确定正确的目标方向，即要做"对"事。如龟兔赛跑，兔子跑得虽快，但若它掉过头来反着跑，那么它就算不睡觉也没法赶上乌龟。因此，确定决策的目标要强调它的方向性，否则目标就只能是模糊的目标。

3. 拟订方案

这是为达到目标而寻找途径的过程。一般情况下，达到或者实现一个既定目标，客观上可能存在着多条途径，而在诸多途径中必然有好坏之分。拟订方案就是通过探索和研究制订解决问题、实现目标的各种可供选择的方案。

4. 方案择优

这是在拟订好方案之后寻找最优方案的过程。它是按照决策目标提出的要求，对所拟订的方案进行系统分析和全面评价，再对比各种方案实施的差异点，看其经济效益是否符合最大或者"最小"的原则，以便好中选优。在若干预备方案中挑选一个最佳方案，有时是比较容易的事，但遇到多个方案的优劣很难评出高下时，优选就不是一件容易的事了。倘若此时决策者在时间不允许的情况下犹豫不决，必然会贻误战机，给企业造成不必要的损失。不同类型的决策问题，其选择标准也不同。期望值标准、最小损失标准、收益最大可能性标准和机会均等的合理性标准等都是风险型决策中常用的标准，而确定型决策则常用价值标准、最优标准或满意标准。

5. 实施反馈

经过方案择优确定的决策必须回到实践中去实施，而且决策的优劣必须以执行结果来验证。为了做好决策方案的实施，必须把决策的目标和实现目标的措施向员工公布，动员员工为实现既定目标作出贡献。在实施过程中，决策者要做好计划、组织、沟通、协调等多方面的工作。一个正确的决策，如果执行不利，也会带来很坏的后果。在决策方案的执行过程中，还要追踪检查，及时反馈，不断地修正原方案，使其更加完善。决策方案的执行过程，实际上是对方案的评估、修改和完善过程，也是对决策本身的深化过程。方案执行完之后，还要总结经验教训，为以后的决策提供借鉴。

03

明确决策目标

英国剑桥大学管理专家肯尼特·琼有句名言："决策就是从没有目标中找到目标，即确定目标是决策本身的目标。"

做任何事都一样，必须有一个清晰、明确的目标。如果没有这样一个目标，就会像无头苍蝇一样瞎碰乱撞。

人生如果没有目标，只能虚度终生，毫无意义。

决策如果没有目标，甚至连"瞎猫逮着死耗子"的可能性都没有。

决策目标是指决策要达到的目的。决策目标明确与否，直接关系到决策效果的好坏。决策目标明确了，选择就会有依据，行动就会有针对性；决策目标不明确，选择就会发生偏移，甚至会出现南辕北辙的惨痛后果。第二次世界大战中就曾发生过因目的不明而一时不知该如何决策的例子。

二战期间，美国作为盟军的大后方和军火生产基地，担负着艰巨的军火生产运输任务。美国为了把军火尽量多、尽可能快地运往西欧前线，租用了大量的商船运载军火。为使这些商船免受德军飞机的封锁和攻击，美海军指挥部决定在商船上安装高射炮。但是，过了一段时间他们发现，这些高射炮的战绩很令人失望，竟然没有击落一架敌机。于是，海军指挥部有人提出没有必要在商船上安装高射炮。针对这一问题，盟军海军运筹小组研究后发现，把在商船上安装高射炮这一决策的目的定为击毁敌机是不妥当的，这一决策的正确目标应是尽量减少被击沉的商船数，从而保证军火供给。虽然安装在商船上的高射炮没有击落一架敌机，但实践证明，它在减少商船损失，保证军火供给上却是卓有成效的。

因此，美国海军指挥部的领导最终否决了"不在商船上继续安装高射炮"的错误意见，而是实施了在商船上继续安装高射炮的正确决策，从而保证了盟军的军火运输。试想，如果盟军海军运筹小组不进行深入研究，而在错误的决策目标指引下采用"不在商船上继续安装高射炮"的错误决策，那么盟军的军火供给线肯定会遭到德军的严重破坏，从而影响前线的战斗。

企业决策也一样。如果你是一位企业的管理者，做决策时没有一个明确的目标，结果你会发现决策效果必然令人失望。如果你做决策时虽然有一个目标，但结果却跟真正要解决的问题毫无关系——这种目标，跟没有目标一样。

目标是决策的方向，没有目标决策就会失去方向，属于无的放矢。这种做法，管理者在决策时一定要避免。企业管理者在工作中必须明确地制订出工作目标、管理目标，积极引导全体员工向同一目标奋斗。

04

不能偏信经验

约翰逊认为：决策应当向新思想敞开，要从旧思想的控制下解放出来。

在决策中，坏的经验只会使人误入歧途。

在这个问题上，重视经验是重要的，但不能偏信经验。有些人总是认为自己的经验最有说服力，但是过于夸大自己的经验，本来有用的经验法则就会成为决策的障碍了。

迷信经验、被经验主宰的管理者在决策时，要避免以自我为中心。

面对失败，你应采取什么行动呢？首先你必须要自律——愿意尽量保持客观，承认犯某些错误是不可避免的，因为绝不犯错的人是不存在的。

然后，试着用下列方式从机会事件中精确地隔离出你真正的错误：

（1）事先清楚地设定标准或重点过程表，以此明确界定成功的标准，或是做一目标分析——明晰列出你自身所期望或恐惧的结果。

（2）事先列明你在多大程度上相信自己的选择能影响你努力的成果。

（3）询问与此计划无关的其他人，你的成功或失败有多少成分是他们认为你该为你的行动受褒或贬的（在知道结果之前或后）。

（4）对有重复性的决策（人事上的选择、新产品的推出、广告上的投资等），要看看是否可用统计式的测试来确定在结果方面机会或幸运所占的比重是多少，而明智选择所占的比重又是多少。

（5）周期性地列出你所遭遇的失败。如果此表太短的话，就要注意向其他人（那些不太仰赖你的人）讨教一番。

（6）仔细分析由近期计划结果而得的新资讯，以及它们如何迫使你对未来计划已备妥的模拟情境做修正。

只有放弃以自我为中心，不被经验主宰，才能避免经验的偏差，作出正确的决策。

在一个快速变化的环境里，缓慢的学习会毁掉你或你的组织。虽然从科学上来说人们只能通过学习逐渐取得进步，但充满竞争的环境可无法等那么久，幸运的是，你能尽量降低我们所介绍过的偏差，只要你记住这些危险并努力克服它们。

（1）成功时不要头脑过热。当你在某些事上获得成功时，要明明白白地想清楚，你的哪些行动对你的成功有所贡献，哪些可能不是。在你做评估时，可要求其他人予以协助。

（2）当你失败时，避免找理由下台阶。如果在你的失败中夸大厄运的重要性，那么你会错失你全部专业生涯中最重大的机会之一——在非经历不可的失败中学习的机会。当你从令你不快的决策中获得反馈时，要与其他人讨论失败的教训，因为你为未来所制作的模拟情境决定了它们是否应改变。

（3）借助于做重大决策时所记录下来的期待事项，然后将真实的结果与期待中的相比较，考虑你该从中学到些什么。

这简单的几个步骤就能在漫漫长路上有助于你的学习、你的进步。

05
刚愎自用者必失败

不少管理者做决策时都喜欢一意孤行，根本听不进别人有益的进言。当别人有意见的时候，他们常常命令别人保持沉默，而出面发出质疑的人还很有可能会被贴上"不忠"的标签，甚至被视为制造麻烦的人。这是一种短视的做法。作为一个明智的管理者，应当重视勇于发表不同意见甚至是反对意见的人。

战国时期，齐国君王曾下过一道求谏旨令："群臣和百姓能当面指责寡人之过的，受上赏；上书规劝寡人的，受中赏；能在公共场合议论寡人的过失而被我听到的，受下赏。"这道旨令一下，收到了极好的效果。一年之后，人们想再直言进谏，已无话可说了，而齐国在很长一段时间内，国泰民安，社会稳定。

自古以来，一意孤行、刚愎自用的人必定要垮台，这是历史经验的总结。

　　看过《三国演义》的读者都知道关羽"大意失荆州"的故事。其实，关羽并不是因疏忽大意而丢了荆州，而是因他不能兼听不同意见。关羽守卫荆州时，东吴大将吕蒙做了大都督，吕蒙早就有抢回被刘备骗去的荆州的打算，但他深知强攻硬取只会使自己吃亏，于是想办法从关羽的弱点上开刀。正巧，关羽没有亲自镇守荆州，正在外面带兵攻打樊城，吕蒙一见机会难得，便表面上主动与关羽搞好关系，暗中用计蒙蔽他。他诈称有病，让东吴书生陆逊代替自己都督的职位。陆逊刚一上任，就以友好的言辞写了一封信，并备了厚礼，遣使拜见关羽。关羽听说后，警惕性一下子放松了，还嘲笑孙权："孙权见识短浅，竟用孺子为将！"他丝毫没把陆逊放在眼里，认为他奈何荆州不得，反而要把荆州守兵抽出攻打樊城。关羽的副将司马王甫、赵累却不这么看，他们认为东吴必有阴谋，苦劝关羽不要轻易撤走荆州守兵。而关羽对东吴近日一系列的行动与迹象没有认真分析研究，只知其然而不知其所以然，狂妄地认为东吴胆怯，于是放心大胆地撤走了荆州守兵。但后来的事实是，东吴军队渡江夺取了荆州城。

　　直到此时，关羽仍不相信荆州已失守，当听到军中有人私下传言荆州失守时，他愤怒地制止道："此乃敌方讹言，以乱我军心！东吴吕蒙病危，孺子陆逊代都督之职，不足为虑！"这是何等的目空一切。后来探马报知实情后，关羽这才大惊失色，相信荆州真的丢失了，不得已投奔荆州属地公安，岂知公安也已被吕蒙夺取了。在这进退无路之际，关羽方有一丝觉醒，对身边的司马王甫深深叹道："悔不听足下之言，今日果有此事！"

　　如果说荆州是关羽大意丢失的，那么败走麦城则是关羽不听建议所致。当困守麦城，内无粮草，外无援兵之际，关羽决定放弃麦城，突围去西川，可是对于如何取道去往西川他又拒绝了王甫的正确建议。去西川本有两条路可走，一条是大路，一条是偏僻小路，关羽打算从小路去西川。王甫听后唯恐吴魏在小路设下埋伏，建议部队取道大路。这时，关羽又犯下了一意孤行的老毛病，固执地不肯听王甫的话，还自信地扬言："纵有埋伏，有何惧哉！"坚定不移地要走小路。王甫料定关羽此去凶多吉少，纵百般劝阻仍无济于事，结果呢？父子双双遭擒身死，一代英雄豪杰因不能兼听不同的意见而酿成重大的历史悲剧。

一千张羊皮，不如一张狐狸腋窝皮珍贵；千百人俯首顺从，不如一人诤言争辩于事有益。作为一个管理者，应该具有从谏如流的雅量，能够听取不同意见，并鼓励下属敢于讲不同意见。正所谓"君子和而不同，小人同而不和"，管理者若能经常听取不同意见，于己于人都大有裨益。

06

使决策满足边界条件

你的决策要达到的目标是什么？最低限度必须达到什么目的？需要满足什么条件？用科学术语来说，这些就是所谓的"边界条件"。要使决策有成效，就需要使决策满足边界条件，这样才能达到目的。

边界条件了解得越精细和越清楚，决策就越有成效，越能解决问题。相反，如果确定这些边界条件时有任何缺失，那么不管决策看起来是如何杰出，都很有可能会导致失效。

"解决这个问题的最低需求是什么？"人们通常是通过这样的询问来探索边界条件的。史洛安在1922年接任通用汽车公司总裁时，也询问过这样的问题："通过取消各分公司主管独立自主权的方法，能够满足我们公司的需要吗？"答案是否定的。他的问题的边界条件就是，各个主要管理位置上都需要有才能的和负责任的经理，此外还需要有一个统一的中央管制。

所以，根据他对边界条件的了解，公司需要的是对组织结构问题的解决，而不是人事问题的协调，于是他就着手解决组织结构的问题。但是，实际上寻找适当的边界条件并不总是那么容易的，即使是明智的人，在边界条件问题上的意见也不会完全一致。

有经验的管理者都明白，不能满足边界条件的决策，是一项无效的和不适当的决策。一项不符合边界条件的决策，有时比一项符合"错误的边界条件"的决策还要糟。当然，两者都是错误的决策，但是边界条件如果错了，还可能有修补的余地，还可能成为一项有效的决策，然而从那些不符合边界条件规范的决策中我们却什么都得不到，而只能增加困难。

事实上，我们需要清楚地考虑边界条件，这样就可以知道一项决策何时必须放弃。有两个著名的实例可以说明这个道理：一个是边界条件含糊不明的决策；另一个是边界条件相当清楚，所以决策人能够立刻做出判断，并以新的决策来代替不合时宜的决策。

第一个例子是，第一次世界大战爆发时，德军总参谋部制订的著名的杰里芬计划。这个计划的原意是同时在东线和西线作战。为了做到这一点，杰里芬计划建议，在东线以小部分兵力牵制实力比较弱的俄国，而在西线集中全力对法国进行闪电式的歼灭性打击，然后再转过来对付俄国。这个计划暗示着，在战争爆发时，允许俄军深入德国领土，直至对法国取得决定性胜利后才反攻俄军。战争开始后，他们才发觉过低估计了俄军的进攻速度，到了 1914 年 8 月大片领土已被俄军占领，东普鲁士全面告急了。

杰里芬计划在制订时一切边界条件都是十分清楚的，但是执行者抛弃了杰里芬计划中集中德军兵力而不应分散兵力的基本原则。按理说，他们既然抛弃了杰里芬计划的基本原则，同时也就应该放弃杰里芬计划，然而他们却固执地执行原计划，这就在实际上使原定计划不能完成。他们削弱了西线的力量，以致他们原先企图在西线全力冲击以便旗开得胜的想法昙花一现。而在东线方面，他们也没有将兵力加强到足以把俄军赶出去，因此导致了原先制订杰里芬计划时就竭力要防止的僵持局面。而战局一僵持，随着战争的大量消耗，德军的人力就不占优势，战略优势随之消失，于是最终将由人力占优势的一方取得胜利。从此以后，德军无法再依靠战略优势，而只能依靠随机应变、激励士气以及机遇了。

第二个例子恰恰相反。1933年，罗斯福在总统竞选活动中提出了"经济复兴"计划。这个计划原是以1933年美国的财政保守主义和预算平衡为基础制订的，但是恰恰在总统就职典礼之前，美国的整个经济突然出现危机。在这种情况下，罗斯福原来的经济政策如果在经济上还可以行得通的话，在政治上却很难维持下去了。

于是，罗斯福马上提出一个新的目标，以代替原先的经济目标，即从"复兴"转变为"改造"，从以保守为基础的经济政策转变为激烈革新的经济政策。这样的转变有赖于政治魄力，而罗斯福反应敏锐，完全是一位伟大的决策人，他知道边界条件的改变就意味着他必须完全放弃原来的计划，这样他的决策才会有成效。

在各种不同的可能的决策中，要分辨出哪一项是最危险的决策（即勉强可行或只有在一切顺利的条件下才可能达成的决策），也需要了解边界条件。多数决策看起来都有道理，但当我们仔细思考决策所必须满足的条件时，就会发现各项之间是互相冲突的。在此情况下，管理者更需要审慎决断。

07

决策时，不允许错误的妥协

妥协是一种艺术，聪明的妥协是一种智慧。无论是谈判还是决策，都应掌握尺度，否则一不小心就会陷入"错误妥协"的陷阱。

由于考虑到最终难免需要做些妥协，管理者在决策时必须先从是非标准出发，千万不能一开始就凑合，更不能以人来论是非。

管理者所要考虑的仅仅是正确的决策，而不必考虑"能被别人接受"的决策是什么。任何人都有喜欢折中的倾向。如果我们不知道什么是满足规范和边界条件的正确决策，就不能区分正确的折中方法和错误的折中方法，而最终就会走到错误折中的方向去。

1944年史洛安兼任公司的董事长和总裁，他对顾问说："我将不会告诉你研究什么、写什么，也不知道应该得到什么结果，这些都是你的任务。我的唯一要求就是，希望你把你认为是正确的东西记下来，而不要顾虑我们的反应，不要顾虑我们是否喜欢它。尤其重要的，你不要想利用折中的办法来使你的建议容易被接受。在我们公司中，用不着你的帮助，每个领导者都知道使用折中的办法。但是，除非你告诉我们什么才是'正确的'，否则我们不会有'正确的'折中。"

猪猡湾的惨败给美国总统肯尼迪上了生动一课，这也是他两年之后在古巴导弹危机中之所以取得胜利的原因之一。正所谓："前事不忘，后事之师。"他坚持决策所应满足的边界条件，坚持正确的折中办法（在这次危机中，肯尼迪放弃了由美国进行地面观察的要求，而坚持要求苏联拆除导弹并运回苏联）。

有两种不同的折中办法。第一种折中，即俗语所讲的"半片面包总比没有面包好"；另一种折中，可用所罗门审判两个妇人争夺一个婴儿的故事来说明："与其把婴儿劈成两份，不如保存婴儿性命，把婴儿送给对方好。"在第一种折中办法中，决策仍然可以满足边界条件。因为面包虽然分成两半，但半片面包仍然是面包。半个婴儿却完全不能满足边界条件，因为半个婴儿已经不是生命，也不能成长为孩子，只是两片尸体而已。

在做决策的时候，如果既顾虑别人能否接受，又顾虑是否会引起别人的反对，那就纯粹是在浪费时间，不会有什么结果的。在现实生活中，你所担心的事往往不会出现，而你没有想到的逆境和困难，却往往变成不可逾越的障碍。如果你开始做决策时就问："怎样做别人才能够接受？"那么你即使做出了决策，结果还是有可能什么也得不到。因为当你这样问的时候，总是怕别人不接受，就往往不敢提出最重要的事情，这样一来，你也就得不到最有效和正确的答案了。

在决策中，妥协是允许的，但不允许错误的妥协。聪明的妥协是：

（1）避免重大的损失；

（2）自我力量还不够时不要强行去做；

（3）尚未把握好商机时不要勉强去做；

（4）制造一种引人上钩的假象；

（5）懂得"缩回来，打出去"的道理。

08

没有行动，决策就没有功效

德鲁克认为，管理者不仅要善于决策，更要善于行动。行动才能出结果，要想使决策取得成功，就必须付出行动，而且还必须在第一时间付出行动。成功不能靠等待得来，而是执行的结果。

埃克森·美孚石油公司是全球利润最高的公司之一。有一次，李·雷蒙德和他的一位副手到公司各部门巡视工作，到达休斯敦一个区加油站的时候，已经是下午3点了，李·雷蒙德却看见油价告示牌上公布的还是昨天的数字，并没有按照总部指令将油价下调5美分每加仑进行公布，他十分恼火。

李·雷蒙德立即让助手找来了加油站的主管约翰逊。远远地望见这位主管，他就指着报价牌大声说道："先生，你大概还沉浸在昨天的梦里吧！要知道，你的拖延已经给我们公司的荣誉造成很大损失，因为我们收取的单价比我们公布的单价高出了5美分，我们的客户完全可以在休斯敦的其他加油站加油，他们会贬损我们的管理水平，使我们公司被传为笑柄。"

意识到问题的严重性，约翰逊立刻着手进行处理。看见告示牌上的油价得到更正以后，李·雷蒙德面带微笑说："如果我告诉你，你腰间的皮带断了，而你却不立刻去更换或者修理，那么当众出丑的只有你自己。这是与我们竞争财富排行榜第一把交椅的沃尔玛商店的信条，你应该要记住。"从此之后，那位主管约翰逊做事再也不会拖拖拉拉了。

克服拖延的毛病，培养一种简捷高效的工作习惯，可以使公司的绩效迅速提升，并使每一位员工的工作乃至生命都更富有价值。同样，决策需要行动，没有行动的决策只能是一种想法，不能付诸于行动的决策就等于没有决策。因此，应该有了决策就马上去行动，只有行动才能证明决策的价值。

1954年的一天，克罗克驾车去一个叫圣贝纳迪诺的城市，他看到许多人在一个简陋的餐馆麦当劳店排队。人们买了满袋的汉堡包，纷纷满足地笑着回到自己的汽车里。克罗克上前看了个究竟，原来这是一家经销汉堡包和炸薯条的快餐店，生意非常红火。

此时，克罗克已经52岁了，还没有自己的事业，一直在寻找自己事业的新起点。他发现，随着人们的生活节奏越来越快，这种快餐的经营方式代表着时代的发展方向，大有可为，于是他毅然决定经营快餐店。他向经营这家快餐店的麦当劳兄弟买下了汉堡包摊子和汉堡、炸薯条的专利权。

克罗克决定搞快餐业的想法遭到家人及朋友的一致反对，他们说："你疯了，都50多岁了还去冒这个险。"然而，克罗克一旦决定了就毫不退缩。在他看来，决定大事，应该考虑周全；可一旦决定了，就要一往无前，赶快行动。行与不行，结果会说明一切，最重要的是要有行动。

克罗克马上投资筹建他的第一家麦当劳快餐店，经过几十年的发展，克罗克取得了巨大的成功，人们把他与名震一时的石油大王洛克菲勒、汽车大王福特、钢铁大王卡内基相提并论。这就是行动的力量。倘若克罗克在亲友的劝说下放弃了他的决策，我们今日怎么可能见识到辉煌的"麦当劳帝国"呢？

如果决策不能转化为行动，那就是空谈，毫无价值。德鲁克认为，要将决策转化为行动，必须先明确无误地回答下列问题：决策必须让哪些人知道？必须采取什么行动来贯彻落实？应由哪些人来执行？这一行动应该包含哪些内容、经验和标准，以便让执行决策的人有所遵循？管理者通过回答这些问题，能够使决策真正被分解成一个个具体的行动，从而使决策产生应有的效益。

行动是执行决策的开始，没有行动，决策就没有功效，价值等于零。

第三章
没有计划就是计划失败

　　一个企业、一个行业或一个国家的命运在某种程度上取决于管理其事务的人的思想和计划，即良好的管理开始于良好的观点、调查和计划。

　　计划是必要的，没有它，便难以达到目标。拟订计划也许不是简单的事，但其过程很清晰，即选一个目标实现的日子，将这个日子写下来，并且拟订那时与此刻之间将发生的所有事情的日程表。

01
计划就是对未来的预测

　　计划是事先制订的，是为了进行某事或制作某物而拟订的一些详细的方法。计划的制订是预先决定做什么和怎么做的一种程序。它包含确定总任务，并规定具体目标以及制定为达到目标所需的政策、规划和程序。

　　计划是我们的现状同我们想要达到的状况之间的桥梁。计划就是预见我们想要达到的目标、估计会碰到的问题，并提出解决问题的办法。

　　计划是从实际出发的思考、想象和规划，以便确定、决定和安排达到目标所必需的各种活动。计划就是拟订和修改我们期望能实现的"蓝图"。

计划就是谋划如何使用我们的时间、资源和努力，以便实现我们期望实现的事物。计划使我们的思想具体化，从而体现出我们期望做什么、期望什么时候做好、谁去做什么事以及如何做。

计划就是预先决定做什么、怎么做、何时做与谁去做。

……

计划的定义是如此之多，以至于我们无法确定计划的准确含义。但是，我们从以上的定义中可以总结出这样一点：计划关注的是未来，是对未来的一种人为控制。

未来的不确定性使人们对未来充满了恐惧和无奈，这种恐惧迫使人们想方设法去控制未来，以避免不确定性事件对我们造成伤害。而人类控制未来的唯一方法就是对未来可能发生的各种事件进行预测和分析，找出最可能发生和可能造成最大伤害的事件，并采取相应的对策以消除或减少这些事件的危害。因此，计划的本质就是预测未来、规划未来、控制未来。

02

计划的三大类型

管理者应当为自己的每一个工作周期都制订个计划，最好是书面形式。首先可将目标的两三项主要工作安排好，可以专为它们安排"大块"的时间。要按优先次序安排工作、分配时间。记住，先用一定的时间为一项工作做事先计划，而且除非有重大变故，否则不要轻易打乱自己计划的时间表。

其实，要养成做计划的习惯很简单，只要每天早起一会儿，利用刮胡子或穿衣服的时间从容不迫地想想当天的行动计划，这样就可使你一进办公室就马上进入状态。每天早晨做做这种"计划"，则每星期可以多出5到10小时的工作时间。

假若每天再抽出十来分钟时间安静地独处一会，把自己的工作计划快速检视一下，看看需要做些什么补充，那这十几分钟时间将会对你更好更快地完成工作起到极大作用。

1. 制订短期计划

短期计划一般指从即日起半年时间内的计划。制订短期计划，主要有3个步骤：

（1）将需要在短时间内完成的工作确定下来。

（2）把所有工作按重要程度排列起来，重要的在前，次要的在后。

（3）把各项工作安排到每日的日程表中去。

一幅大的墙历可以使日程安排栩栩如生地呈现在你的眼前。如果你的大部分工作是在办公室里完成，而不需外出访问客户或顾客，墙历是你最佳的选择。有时你需要匆匆记下约会时间，但手头没有日历，则可以将其记在袖珍笔记本或者一张纸上，然后在空闲时间里将它写到日历上。

如果你大部分时间是在路上或者客户的办公室里，那么一个精美的日记本日历是很有必要的。

尽管任何一种日历都可以用来记录每日工作及约会，但是每月日历对一位管理者来说应当是最有帮助的，因为它可以为你提供一次对近期工作的展望，有利于你掌握工作的进展情况。你还可以很精确地看到你正在干哪件事，可以在一段时间内合理扩大工作量，也可以避免工作量过大。

有一位管理者谈到他使用日历的体会时这样说道："今年我的最大突破之一就是我决定随身携带一个日历，我用的是那种墙上挂着的普通日历，但它可以对折，放入我的包里。那种只有一周日期的日历对我不起作用，我需要立即看到整个月的日期，使我有个整体概念。"

选择哪种日历并不是最主要的，重要的是要经常翻看日历，特别是在星期天晚上回顾一下一周内所做的事情，然后看看下周的日程安排。翻阅日历的同时，也是你回头看看自己的目标，检查一下自己是否走了弯路的最佳时刻。

每天晚上或早晨做一个简单的回顾也是很有必要的。在笔记本上写下你已完成的事情，以及第二天要做的事情。查看一下你每周或每月日历以及每天的日程事务安排表，看看日程表中的事情是否已经完成。如果完成得好，可以给自己一点奖励；如果没有完成，那么就要想办法尽快弥补，并要给自己一点惩罚。

2. 制订中期计划

中期计划通常是指半年到 1 年时间内的计划。

无论是在生活还是工作中，中期计划无疑都起着很重要的作用。

中期计划的时间和内容总是在变化的，对于不同的管理者来说，中期计划可能是三四个月的时间，也可能是一两年的时间；而对一个大石油公司或一个国际银行来说，它可能会长得多，但它总是长期计划的一个组成部分。

要制订一个合适的中期计划就要将眼光放远一点，构想一下自己或公司在 1 年内可能发生的变化，根据预定的目标逐项进行安排。

比如，打算在 1 年内将公司的利润提高到现在的两倍，那么根据这一目标将目标细化为各项小的目标，然后将每一个小的目标结合到具体的日程安排中去。这样就使中期目标分解为多个短期目标，每完成一个短期目标，也就是向中期目标迈进了一步。

3. 制订长期计划

长期计划一般是指 1 年时间以上的计划。

长期计划的时间跨度更大，它是一个远期目标，其实行依赖于短期计划和中期计划。

长期计划是在长期的时间内都要遵循的一个计划，完成了这个计划，对管理者来说，也就完成了其工作的目标，实现了工作的梦想，所以完成计划所需的时间越长，那么目标相应也就越大，也就越能吸引管理者，令管理者心动。

许多成功者在计划开始时，都是因为怀有美好的、激动人心的目标才开始他们的工作的。

例如，美国通用汽车公司在最初成立时，只有2000美元的注册资金。公司的创始人比利·杜兰特给自己确立了一个目标，那就是要成为汽车工业的老大，独立成立若干汽车企业，再用联合的方式控制整个汽车工业。经过几十年的努力，杜兰特终于实现了这一梦想（长期计划）。

长期计划的制订是以短期计划和中期计划为基础的，需合理安排好时间，分期完成计划。同时，可用短期计划带动中期计划，中期计划又可带动长期计划。

长期计划的完成、目标的实现是激动人心的，但是这一切都需要长期的坚持，付出不懈的努力，任何中途退缩都有可能影响长期计划的完成和梦想的实现。

03

计划的四大层次

1. 高级阶层：决策人员的战略计划

决策人员战略计划的主要内容涉及公司要达到的整体性成果：

（1）长期目标和政策；

（2）组织向何方向发展、为什么；

（3）什么样的预算需要批准、需要什么资源；

（4）由什么人控制什么事：什么人应该对什么事负责；

（5）所期望的成果是什么，何时、何地要获得这些成果。

2. 第二阶层：高级管理人员的策略计划

高级管理人员的策略计划主要是为了实现全面指挥：

（1）如何实现已确定的目标；

（2）一般需要什么样的资源和设备；

（3）什么时候实行已经过批准的方案；

（4）应该在什么地方对一些重要活动加以协调；

（5）什么人对哪些业务进行监督。

3. 第三阶层：中基层管理人员的工作计划

中基层管理人员的工作计划常常要规定部门的业务重点：

（1）中基层管理人员个人工作安排、工作布置；

（2）要求有一些什么样的具体日程——什么时候、什么地方、为什么；

（3）要求有一些什么样的部门设备——什么时候、什么地方；

（4）如何对员工工作进行指示和激励；

（5）进度报告和必要的改正措施；

（6）为了完成所分配的任务而需要进行的协调。

4. 第四层次：各个岗位的工作计划

前三个层次计划的执行最终都有赖于各个岗位的计划支持和落实，因此各个岗位的工作计划应包括以下内容：

（1）岗位任职者的每日工作计划、时间安排；

（2）需要什么人、什么时间的什么支持；

（3）遇到了何种困难，是否需要请示汇报，或自己的解决办法；

（4）进度报告和必要的改正措施；

（5）完成任务的优先次序；

（6）对被打乱的计划进行调整。

04

拟订计划的最佳时间

我们碰到问题并需要拟订行动方案的时候，就是应该拟订计划的时候。一般来说，至少有5个战略时间是应该拟订计划的，即每日、每周、每月、每季、每年之末。

1. 每日之末的计划

拟订一个你要在明天达到的成果和进行的主要活动的简要提纲，按重要程度顺序排列，把重要项目编上号码。

这样，当你在睡梦之中时，你的"下意识"会拟订出细节来。你认为这是胡说八道吗？不妨试一周，再看效果如何。

每日之末核查成果并把任何没有完成的工作列入明日的计划，有利于提高效率。

你难道没有这样的经验吗？你晚上睡觉以前把明天准备穿的衣服拿出来放好，比你事先没有想好而在早晨起床时再想"今天我穿什么"要容易且迅速得多。

下意识具有我们觉察不到的力量。通过在每日之末计划明日你要完成的工作而学会运用下意识的力量吧。在每日之末要针对计划在第二天完成的工作写一个简明的提纲，或者在思想上做一个明确的想象，这将有助于你每日醒来时有一个行动计划。

2. 每周之末的计划

在每周的最后一个工作日之末，花几分钟时间检查一下本周的主要活动，同计划的成果进行比较，找出可以改进之处，再拟订出下周各项主要工作的提纲，以及每一天要达到的一项或多项目标。

3. 每月之末的计划

总结本月的重大事件，并拟订出你在下个月要达到的一些主要目标。
确定你要完成什么事；
确定你决心在下个月的每一周中要完成的一件重要事情；
在下个月结束以前值得完成的 4 件事；
在你没有明确要完成什么事以前，不要考虑怎样去完成它。

4. 每季之末的计划

每季对年度目标进行计划和安排。在每季之末花些时间检查一下本季的成果，并同原来的目标相比较，确定需要采取的补救措施或计划中需要改进的地方。

然后，把你的计划往后延长一个季度，以便使你的计划始终能提前 4 个季度制订。

确定下一个季度中每个月要完成的一些要点。要在包括 4 个季度的移动平均数的基础上，确定一些重要的比率和表明趋势的数字。如果这些比率和数字是在一张图上表示出来的，那就用实线表示迄今为止的实际效果，用虚线表示计划数字，这样可以表明一些重要的应特别予以注意的主要趋势。

5. 每年之末的计划

在每年最后一周左右的时间内，每天花几分钟检查一下本年中的主要事件，分析一下成功和失败，然后按季度列出以后 12 个月中每月的主要指标。

这样做的时候，要同你在今后 5 年或 10 年的全面规划相匹配。我们往往先在想象中做什么事，然后才在现实生活中做这些事。从绝大多数情况来讲，我们只有先设想，才能在现实生活中做到。

05

有效的计划制订过程

1. 有效的计划意味着什么

计划的制订是为产生出体现企业和部门真正期望的文件而设计的。计划体现了部门和管理者所承担的责任，表明了组织成员的主人翁位置，还提出了实现起来可能性很高的时间框架和预算。

一个有效的计划大致有 7 项要求。

（1）参数：建立整个任务的质量、时间、资源分配和成本费用参数，并确保这些参数的实际可行。

（2）计划：制订一个包括有关参数的计划。

（3）简明性：任务的计划、步骤和报告应保证直接、清晰和简明扼要。

（4）批准手续：保证任务的各种计划得到正式和非正式的批准。

（5）准确性：确保你所传播的一切都准确无误。

（6）职权和职责：把职权和责任与你对执行者的期望结合起来。

（7）组织成员：记住人的因素是最重要的。

制订计划的过程对计划的成功是非常重要的。常常有这样的情况：一些企业已制订了正确的计划文件，但却有相当大比例的任务没有按计划实施。之所以发生这种情况是因为产生这些计划的过程有缺陷，结果计划不能实现。制订的计划文件未能反映组织成员所期待发生的事，所以也就不能赢得被动员起来去实现期望结果的那些人的赞同。

2. 沟通和参与

无论计划大小,计划的编制都不是计划制订者一个人的事,因为只有让每一个与计划有关的人和部门都知道计划与他们的利害关系,才能使计划的执行变得顺畅。而且,最重要的是计划本身的编制也需要从他们那里获取必要的信息,只有这样才能制订出切实可行的计划。

获取这些信息的最佳方法就是设法让每一个与计划有关的人和部门都参与到计划的制订工作之中。其中,计划交流会议是最有效的方法。

计划交流会议的次数和长短主要根据任务的规模和复杂程度而定,但是按照一般标准,计划交流会议应该包括以下内容:

(1)给会议成员定向和定位;

(2)制订会议的目标、范围和工作任务表;

(3)建立最后的工作任务分析表及任务结构图;

(4)确定各任务的依赖关系及持续时间;

(5)制订进度表和预算;

(6)任务落实和动员大会。

与相关人员进行积极的互动,让他们参与到计划的制订中来是至关重要的,这些对计划的制订和执行都会产生非常积极和有益的影响。这一点也是许多缺乏计划经验的人容易忽略的。

06

执行计划时的有效控制

计划的控制是确保计划按预期完成的关键。计划的控制就是按照预定的计划标准衡量计划的完成情况，纠正计划执行中的偏差，以确保计划目标的实现。简言之，控制就是使实践活动符合计划。

通常，企业在实施各项计划时，有可能出现各种各样的偏差。例如，在供应过程中，原材料的价格可能高于预先计划的价格。在生产过程中，产品质量可能不符合企业的质量计划，产品成本可能超出计划成本等。这些问题都会导致实际的执行活动与计划之间出现偏差，这样计划就很难按预先所设定的那样做下去。因此，为了减少或消除这样的偏差，管理者应对计划执行的最新情况有所了解，并采取相应的措施，以确保计划的连续性。

因此，管理者在计划的执行过程中最主要的任务就是控制计划按预定的轨迹运行。

1. 计划控制的步骤

尽管不同的任务其控制步骤有所差异，但是大致上控制的步骤可分为以下两步：

（1）掌握最新情况

掌握最新情况是管理者进行控制的前提。通常来说，掌握最新情况的内容可分为两大块：一是计划执行的最新情况；二是外部环境的最新变化。这些情况的获取一方面靠管理者本人的个人努力，需要管理者有极强的敏感性和敏锐性，另一方面主要是通过企业的信息系统获得的。

（2）分析冲击和误差

在掌握了任务的最新进展和外部环境的最新变化后，管理者就可以对这些最新情况进行分析，找出计划与实际情况的偏差并分析冲击可能造成的影响。

2. 计划控制的方法

（1）计划的反馈控制

反馈控制也就是事后控制，即对已完成的任务进行分析，找出问题和偏差，并采取纠正措施的控制方法。

反馈控制一般分为5个步骤：根据计划制订控制标准；依据标准对计划执行情况进行检测；分析偏差产生的原因；制订纠正偏差的措施；实施纠偏措施。

反馈控制是针对计划在实际执行过程中的后果进行的控制。这种控制的最大弊端是：在企业实施纠偏措施之前，偏差已经产生，实际的执行结果也已经造成对企业的损害。如果企业的信息传递过慢，当管理者得到实际过程背离计划的信息时，即使再采取什么措施，也只能是减少误期的时间或偏差的程度。

（2）计划的现场控制

现场控制是对反馈控制的弊端加以克服的一种控制方法，这种方法类似于指挥官亲临战场指挥士兵作战。现场控制主要有两项职能：第一，对计划执行者的工作方法、程序等加以指导；第二，对工作加以监督。

现场控制由于可以及时得到信息，而不是等到产生偏差再进行控制，因而能够有效地避免企业利益的损失。但是，现场控制也有许多弊端。首先，管理者不可能时时进行现场控制，而且控制后果也受到管理者的业务水平、工作精力等多种因素的制约。其次，现场控制容易形成控制者与被控制者心理上的对立，有可能损害被控制者的工作积极性和主动性。

（3）计划的预先控制

反馈控制对于已经造成的失误无能为力，而现场控制的局限性又很大，因此管理者应该尽量采用预先控制的方法。

预先控制不是针对受控制系统的输出进行的控制，而是通过控制该系统的输入来达到控制系统输出的控制方法。预先控制不依赖于信息反馈，它在实施计划之前就对计划的实施进行控制。

预先控制的一般程序是：确立控制所要达到的目标；建立受控系统的运行模型；根据控制所要达到的目标与受控系统的模型确定进行控制的标准；定期对受控系统的实际输入进行检测，并与标准相对照，发现实际与计划的偏差；根据产生的偏差制订纠正措施，调整受控系统的输入，使其与控制标准相符。

预先控制与反馈控制和现场控制相比，具有许多优点。例如，预先控制可以防患于未然，避免了反馈控制对于已铸成的差错无能为力的弊端，而且预先控制适用于一切领域。

3. 计划控制的层次和关键点

对计划的控制通常包含两个方面，首先是管理者对计划执行者任务完成情况的控制，其次是各个层次的自控。

对计划进行有效的控制，需要责与权的高度统一。如果某一层次只有实现企业某项计划的责任，却没有相应的权力，就无法对这项活动进行有效控制。因此，管理者在进行控制时不能越级进行，应该关注的是自己直接管理的层次和人员，以避免受控者受到双重控制。而且，管理者的精力和时间都是有限的，不可能对所有的人员进行控制。

同时，管理者控制的内容也不可能涉及计划的每一个环节和活动，而是应该有选择地进行控制，也就是对任务的关键点进行控制。当然，由于企业任务性质的不同，控制的关键点也有所不同，但是每一个计划都可以找出一些影响它完成的关键性因素。

4. 计划执行中的冲突与协调

我们在前文中说过，计划的多重性和多样性决定了计划之间冲突的不可避免性。这些冲突主要表现在上下级、部门与部门、个人与个人以及个人与部门之间。导致这些冲突的原因是多方面的，多数情况下主要是分工不明所致。

一般而言，企业最高管理者在计划的制订过程中，对计划彼此之间在时间和空间上的依赖关系描述很少，即使有也是粗线条的。而且，由于各个职能部门都有自己特定的目标、工作条件和利益，各项计划在实施过程中很容易产生冲突。

在实践中，大多数计划制订者往往只关注本部门的计划，对本部门以外的计划并不关心，甚至出于部门利益，还会有意隐瞒部门计划。由于部门之间对彼此计划的具体细节知之甚少，各个部门都只顾本部门计划的实施和落实，于是在计划的实施中，资源的有限性和计划执行过程中的相互依赖性使得冲突不断发生。

因此，管理者在计划实施过程中，一定要做好计划的协调工作，这是保证计划顺利实现的关键。如果管理者对计划协调不力、对冲突处理不当，就有可能造成各个部门之间的摩擦，使企业成为一盘散沙。而且，也可能形成彼此推卸责任的拉锯战，贻误经营活动的有利时机，给整个企业的经营效果带来不可估量的损失。最重要的是，不断的冲突极有可能打击企业成员的积极性。总之，做好计划的协调和冲突的处理工作是计划管理的一项重要内容。

第四章
没有创新就没有生存

管理学家德鲁克说，企业要想赢得当前的市场，管理者就需要具有全新的思维框架。一个企业的建立，最重要的是思维模式的建立，企业家首先要明确企业存在的前提：企业的外部环境是什么？企业的使命是什么？企业的核心竞争力是什么？只有准确把握和解答这三个前提问题后，企业的发展战略才能够持久和有效地发挥作用。当今社会日新月异，每时每刻都有新事物出现、新情况发生。适者生存，只有勇敢地迎接挑战、把握机遇的人才能立于不败之地，而要做到这一点就必须修炼创造性思维。

01
管理者要敢于创新

万物始于创造，没有创造，整个组织就会停滞不前，如死水一潭。管理者在工作实践中，不但要想到创新，更要敢于创新，要有勇于突破常规、求新寻异、敢为天下先的大无畏精神。此外，管理者不但自己要有创造力，还要善于激发组织成员的创造力。

管理者要培养自己活跃、健康的思维方式，就需要通过多种方式、多种渠道不断地锻炼和充实自己，增强自身敏锐性。要培养自己良好的思维习惯，多观察、多思考，善于捕捉信息，由单一的一元思维走向丰富的多元思维。要选择接触最新的信息，了解最新的趋势，从而更好地创造未来。

福特汽车公司前总裁亨利·福特深有体会地说："不创新就灭亡。"1983年英荷壳牌石油公司的一项调查发现，1970年名列《财富》杂志"世界500强"大企业排行榜的公司，到20世纪80年代已有1/3销声匿迹。该公司研究人员经过大量调查后得出一个结论，大型企业的平均寿命一般不超过40年。

德国大众汽车公司在20世纪70年代由于因循守旧，不思创新，死抱着甲壳虫汽车，结果销售状况每况愈下，1975年亏损达9亿马克。后来托尼·施米克尔出任了总经理，他锐意创新，相继投产多种品牌小汽车，才使公司免除了灭顶之灾。

《中国科学报》曾经发表过一篇文章，介绍了世界上最大的微处理器生产厂家英特尔公司前总裁安德鲁·葛洛夫的《只有偏执狂才能够生存》一书。书中讲到，我们正处在以10倍速度发展的时代，我们面对的是80%的危机，而只有20%的机会，作为一个企业和企业家应随时感到身边的变化，而且知道什么在变，自己该如何去适应这种变化。从中可以看出，创新是英特尔始终保持兴盛不败的真正原因。

面对当今日益呈现的全球信息化、网络化及经济全球化的趋势，企业要想在科学技术日新月异、经济生活瞬息万变的环境中生存发展，必须具有强大的创新力与创造力。只有这样，才能更加从容地面对不断更新换代的产品革命，才能在不断创新中成为市场的赢家。

人们的创新往往是一个曲折的过程。这一过程表现为几种形式：一是经过长时期的准备、积累和沉思而获得知识；二是组织大量人力、物力，短时间地攻关和突破；三是长期冥思苦想而不得结果，在不经意或思考其他问题时，突然间豁然开朗，即顿悟。后一种，即一下子使问题得到澄清的顿悟，就是所谓直觉和灵感。

直觉和灵感是创造性思维的重要能力和表现形式，但却不是唯一的。

创新不仅是从无到有地创造某个东西，更多的情况是在熟练的基础上对原有方式与方法的改进。

要具备较强的创新能力，不一定需要很高的智商。多抽时间思考，时刻具备创新意识才是关键。所谓创新意识，最重要的是要有下面两点。

首先，从不满足于维持现状。一旦满足于现状，就等于丧失了创新能力。创新是人类发展的主要动力。不论情况进展得多么好，能干的人都不会满足的，他们希望变革，因为他们知道，只有不断革新，才能在更高的起点上取得更大的进步。

其次，观察并仔细研究大多数人在一般情况下是怎样做的，而自己可尝试换一种方式去做。人有时会不自觉地跟着别人走，人家怎么做，自己也怎么做。要创新就不应那样，要有新花招，与众不同；推陈出新，超过别人；抛弃惯例，走新路子。勇于创新的人就是这么脱颖而出的。

寻找更好的做事情的方法便是永不停歇地、满怀热情地攻关，不怀偏见地随时准备进行改革。永远走在别人前面的一个最简单的方法是：今天表现最佳，明天要在此基础上更上一层楼。

02

培养创新能力

我们都希望自己成为独一无二的杰出人物，都希望超越别人，做别人没有做过的事情。这是我们为自己设想的前景，我们必须为达到这个目标而奋斗。而这个奋斗的过程便是创新，不断地超越传统，超越他人，最终超越自己。

　　一名优秀的企业管理者绝不是一位因循守旧、拒绝变革的守旧人士，而必须具备良好的创新意识和创新能力，及时在工作中进行观念创新、管理创新和产品创新。在管理中，企业管理者要及时总结工作经验和管理经验，对管理观念、管理方式、管理方法进行创新，不断提升管理水平。在面对市场竞争时，企业管理者要正确地分析竞争环境和竞争形势，据此对产品、服务、企业形象进行创新。

　　德鲁克说，每个组织都有不同的核心能力，它可以说是组织性格的一个组成部分。但是，每个组织都需要具备一种核心能力：创新。市场是无情的，落后的企业或产品只能被取代，要想不被取代，唯一的出路就在于不断地提升自己的竞争力，而创新则是提升竞争力最主要的出路。

　　美国明尼苏达矿业制造公司，也就是人们常说的 3M 公司，以为员工提供创新的环境而著称。走进公司总部的创新中心，最吸引人的是橱窗里陈列的各式 3M 产品，从医药用品、电子零件、电脑配件，到胶布、粘贴纸等，逾 5 万种产品表明，公司在产品创新方面具有强大优势。该公司起初只是个名不见经传的小公司，正是依靠创新精神，才成为令人尊敬的"创新之王"。

　　上海家化公司创建于 1898 年，是中国最早的民族化妆品企业，但在相当长的一个时期内，其总体发展水平十分缓慢，至 20 世纪 80 年代初仍处于产品能级低、科技投入少和发展后劲不足的状况。改革开放以来，面对激烈的国内外竞争，上海家化进行了一系列管理上的创新，使得企业获得了长足发展，发生了巨大变化。1995 年，公司实现销售收入 7.4 亿元，实现毛利 2.15 亿元，税后利润及提留基金近 5000 万元，在全国近 2000 家化妆品企业中名列第一。如果连同国际十大化妆品公司在中国开办的合资或独资企业在内，其名列第二。这是一个了不起的成绩。

　　著名管理学家詹姆斯·莫尔斯说："可持续竞争的唯一优势来自于创新能力。"任何企业只有不断创新才能不断实现超越。在激烈的市场竞争中，要么革新，不断地再创造、再发展；要么停滞不前，走向后退甚至破产。

那么，如何才能具有创新能力并最终让整个组织充满活力呢？

1. 下定决心

创新首先应从改变态度开始，要不断提醒自己：志在创新，不是仅仅为了创新而创新，而是使思想、工作和改善的进程持续下去，也许只是用一种不平常的方式来做一件平常的事情；不论做什么事，都不要依样画葫芦、重复照搬。

2. 充满激情

激情能够激发人的巨大潜力，充分调动体力和脑力，使人产生创造性的冲动，从而成为进行创造性思维和其他活动的强大动力。因此，在管理活动中，管理者必须具有激情，这不仅可以刺激自己内在的体力和智力，使自己始终保持一种跃跃欲试的创新冲动，而且其本身也是一种巨大的感召力。

3. 支持他人

当新的思想、看法提出来时，很多人可能会持否定态度。有创新意识的管理者却不会这样做，只要是好主张都会采纳，稍差一点的主意也不会过于匆忙地抛弃。

4. 善于营造整个组织的创新氛围

管理者要想方设法创造一种组织气氛，如保持部门间通畅的交流沟通、创造良好的合作与竞争文化、给成员一个思维空间等，让成员在这个气氛之下尽情地发挥其创造力。

5. 坚持下去

只要创新便会有失败。失败时应继续努力，不要停顿，不要失望，也不要打击别人的积极性，顽强地坚持下去，结果可能会在最意想不到或最需要的时候实现突破。

03

鼓励追求创新的行为

员工是企业创新的主体，如何调动员工的创造性，是创造性管理的核心问题。管理者在对员工进行管理的过程中一定要鼓励员工进行创新，追求卓越。正如管理学家劳伦斯·米勒指出的，追求卓越并非是一种成就，而是一种永不满足的追求出类拔萃的进取精神和心理状态。

美国的企业普遍把创新与变革作为基本的经营理念，坚决抛弃僵化和保守，推崇变化和灵活，在创新和变化中寻求和把握机会，并在创新过程中使员工体验到工作的乐趣和意义。

如通用电气公司以"进步是我们最主要的产品"为基本理念；惠普公司强调"以世界第一流的高精度而自豪"；微软成功的秘诀之一就是"不断淘汰自己的产品"；通用电气公司前任董事长杰克·韦尔奇认为，对待创新"你不能保持镇静而且理智，你必须要达到发狂的地步"。这些创新理念都把争创一流、永不落后、追求更高更新的技术和业绩作为员工和企业奋斗的目标，并以此来引导企业的组织变革和战略规划。

创新的人力资源计划，就是根据企业技术创新的近期和远期目标，确定创新人员的需求情况并进行配备的过程。对于企业的创新活动来说，其人员更多地是来自于企业内部而不是从企业外招募，这是与其他部门或人员配备有所不同的。

扩大创新空间对于创新人员来说是最重要的激励，具体是指以多种方式给创新人员提供更多的发明创造的自由,包括从事研究的自由、在一定程度内失败的自由、展示研究成果的自由以及提出创新思想的自由。

富有创新传统的企业往往允许员工有一定自由时间从事自己的研究课题。比如,3M公司就允许员工用15%的时间进行个人项目的研究开发;惠普公司允许公司的研究人员用10%的时间从事自己的研究课题,全公司实验室24小时开放,对于取得了重大创新成果的人员,则在更大范围内鼓励他们继续从事自己感兴趣的研究;IBM公司设有"新人奖",获得者在5年之内可以自由选择研究计划,并终身保持这个头衔。

除了保证研究者在时间上的自由以外,企业还应该提供一定的资助来保证创新思想得以顺利实现。如3M公司每年为90名研究人员颁发金额为5000美元的奖金来帮助其实现创新思想。

扩大创新空间还体现在企业对创新失败应持宽容态度,要使创新人员意识到失败仅仅是创新的正常代价,从而彻底消除对失败的恐惧感。3M公司一直提倡要对创新持建设性的态度,即对创新失败的员工不是惩罚而是鼓励其再接再厉。对于创新失败的员工,最好的奖励就是再给他一次创新机会。

管理者还必须把面向市场为顾客提供最佳的产品和最优的服务作为牢固的创新理念,使创新与市场、与企业的利润结合在一起。因为最先进的技术不等于市场需求,而市场需求的不断变化、市场竞争的日趋加剧却迫使企业不断进行技术创新。思科公司的钱伯斯说过,"最好的技术不一定成功,市场最终还是要打败技术"。最具有创新精神的明尼苏达州矿业和制造公司向来鼓励其员工积极进行创新,正是通过不断的创新,该公司成为世界上最优秀的企业之一。

04

换一种思路去变革

　　管理者实现自我管理首先应面向世界，而这个世界是一个动态、发展、变化的世界。当今世界节奏加快，科学技术和社会经济技术都以前所未有的速度向前发展，并日趋紧密结合。每一个组织、每一类组织都面临着日趋激烈的全球化竞争的挑战，面临着日新月异的世界新技术革命浪潮的冲击，处于不进则退的境地。

　　孙子云："凡战者，以正合，以奇胜"，这一点在企业类组织表现得更加明显。正如一位企业家所说："别人未想到的你却意识到，别人未看到，你先看到，别人未当一回事，你却抓住不放，别人未起步，而你已理出头绪。不断创新，捷足先登，这就是一个企业家的高明之处。"

　　管理者要不断更新观念，敢于超越常规思维，形成独特思路。求异也就是求其反常、非常，创新也要求有反常、非常的起点。对于常与非常来说，一般人只注意常，而思想家、科学家则注意非常。美国的库恩认为科学的起点开始于非常、反常。管理者要不断更新自己的思维观念，不固守原有的认识，不墨守已有的陈规。当然，求异并非刻意地找出自己与别人的歧义，而是站在与别人不同的角度上看同一个问题。莱布尼茨说过，世界上没有完全相同的两片树叶，人们对客观事物的认识本来就是相异的，而且处于不断的变化当中，而不是停留在一个水平之上。

　　号称日本"企业之神"的坪内寿夫说：不论从事什么事业，都应能打破现状；安于现状就是退步，自以为现状已经很好，就无法再突破；不求发展，明日就会失败；必须不断打破现状，尔后才能开创出新的天地。

著名诗人爱默生说了一句哲理性的名言："一个人的样子就是他整天所想的那个样子，他不可能是别种样子！"

我们的生存方式完全决定于我们的思想。如果想的都是伤感的事情，我们就会悲伤；如果想到一些可怕的情况，我们就会害怕；如果想的都是失败，我们就会失败；如果总是沉浸在自怜里，大家就会有意躲开我们……为了改变我们的生存方式，增加我们的成功资本，就要突破思维，换一种思考方式，去创造，去变革。

陈祖芬说："真正的创造从来就意味着献身——去吃别人吃不了的苦头，去冒别人不敢冒的风险，去舍弃别人不愿舍弃的安逸，去承担别人不敢承担的责任！"

在德鲁克看来，自满往往是企业危机的开始。孙子也曾说："乱生于治，怯生于勇，弱生于强。"意思是说，混乱可以转化为严整，怯懦可以转化为勇敢，弱小的态势也可以转化为强大的态势。任何事情都有好与坏的两面，满足和停留就意味着危险，因此管理者要时刻有忧患意识、进取精神。

一个民族最危险的是墨守成规，不敢变革；一个人最糟糕的是固步自封，不求进取。

固步自封、不求进取不仅违背事物发展的规律性，而且也不符合人自身进步的内在要求。事物是不断变化、发展的，人生也总得有所发现、有所创造，永不满足于已有的成绩。总是看到不足，以成绩为起点，向着更高的目标积极进取，就会不断取得新的成就，在日新月异的进步中得到安乐和幸福。

"知足常乐"是很多人的一种处世哲学，这种生存哲学在生活中是有可取之处的，它可以使我们今昔对比，更加珍惜今天的进步和幸福，防止因物质享乐欲望的不知足而贪婪和堕落。但是，作为管理者来说，在工作中决不能离开自强、进步谈知足。管理者之"乐"不在于"知足"，而在于"不知足",否则将无法适应瞬息万变的竞争形势。

"有志者,事竟成",这是创造性思考的根本,而传统的观念,比如"知足常乐"则是创造性成功计划的头号敌人。传统的观念会阻碍你的进步,干扰你进一步发展你真正需要的创造性思维的能力。

以下是对抗传统观念的方法:

1. 乐于接受各种创意

要挣脱"不行""办不到""没有用"等传统思想的束缚。

2. 要有实验精神

废除固定的例行事务,去尝试新的书籍、新的网站以及新的朋友,或是采取和从前不同的上班路线,或过一个与往年不同的假期等。

3. 主动前进

对每件事都要研究如何改善,都要制订出更高的标准。

变革是积极的,保守是消极的,前者以奋斗为目标,后者以安宁为目标。变革不是一种力量,而是一种进程;不是一种主张,而是一个规律。

05

知识创造新财富

我们正处在一个快速发展的世界中,所看到的是新的经济生活方式正在迅速发展,是数字化虚拟机构、国际财团、互联网交易和无所不在的广告。毫无疑问,目前正在发生的经济巨变必将推动人类在未来几十年内创造极大的财富——就像 20 世纪初的时候，农业经济完成了向工业经济的转变，结果创造了大量的新财富一样。但是，在知识经济时代，新的财富将由谁来创造？在通向未来的道路上，谁将成为成功者？李嘉诚很好地回答了这几个问题。

李嘉诚说："在知识经济时代，如果你有资金，但是缺乏知识，没有最新的信息，无论何种行业，你越拼搏，失败的可能性越大；但是你有知识，没有资金的话，小小的付出就能够有回报，并且很可能达到成功。现在跟数十年前相比，知识和资金在成功的道路上所起的作用完全不同。"

知识经济就是以知识为基础的经济。这种形态的经济是把知识作为核心而促使新型生产力出现，并且知识对经济增长的直接贡献率超过了其他要素的贡献之和，也就是说第一生产要素事实上成了无形资产的知识。

知识经济的扩张和发展，主要通过知识合理地、科学地、集约地配置自然资源，实现自然资源的优化和不断开发，创造出新时代的巨大财富。古典经济学诞生时的重商主义、重农主义把货币和土地等稀缺资源看作产业基础的旧皇历已经过时，我们应将注意力转变到对学习和创新能力的"顶礼膜拜"上。诚如 Dell 总裁迈克尔·戴尔所说："我们应把学习视为一种必需品，而非奢侈品，当商业以这么快的速度在变动时，一不小心就会在市场上落后，今日的管理者必须有求知若渴之心。"

20 世纪最后几年，社会财富分配的游戏规则已经改变。用未来学家阿尔温·托夫勒的话说："知识资本最终将导致世界财富的一次大转移，转移到知识资源掌握者手中。"财富的含义，正在从诸如黄金、货币或土地之类的有形资产逐步转移到无形的知识，即谁拥有更多的知识，谁就将拥有更多的财富。

06

知识创新的三大动力

1. 实现个人价值

学习创新型组织的成功建立,离不开个人创新性的学习。个人学习是组织学习的前提,没有个人学习,组织学习也就如水上之浮萍,失去了成长的基础。

马斯洛的需要层次理论将人的需要分为金字塔式的 5 个等级,即生理需要、安全需要、社会需要、尊重需要和自我实现的需要。

学习的奥秘在于自我尊重,主要集中在 6 项关键要素上:生理上的安全感、情感上的安全感、自我认同感、归属感、胜任感和使命感。

拿破仑说:"不想当元帅的士兵不是好士兵。"同样,不想成为最好员工的不是好员工。没有人天生就是最好的,而在知识迅速积累、传播、更新的知识经济时代,也没有人能永远是最好的,所以最好的员工是不断学习造就的。最好的员工其实也就是最宝贵的财富——人才。

2. 享受工作

美国保险公司总经理欧文认为,在学习创新型组织中,员工追求自我价值的实现只是完成了初步发展阶段,企业不仅要有伟大的目标,还要让工作成为生命中的一种乐趣。他说:"我们鼓励员工从事自我实现的探索,因为对个人而言,健全的发展成就个人的幸福。只寻求工作外的满足,而忽视工作在生命中的重要性，将会限制我们成为快乐而完整的人的机会。"

能让员工长时间毫无怨言地工作，是微软总裁比尔·盖茨的过人之处。"工作即是欢乐"，对微软公司的员工来说，已经是一种被普遍认同的价值观。在公司，比尔·盖茨本人工作狂的态度，带动着员工工作的热情，同时也让他们感到了工作的压力。微软公司北京代表处的第一任总裁杜先生在接受记者采访时说："在微软公司，工作压力十分大。刚来公司时，很少晚上在9点前回家。"虽然工作压力大，但微软公司员工的流动率却是最低的，因为在微软员工感到自己正在领导时代，因而具有成就感。微软公司的管理风格，简单而言，就是在不断的压力与不断的动力中成长。压力刺激灵感，同时也变成了员工们的动力。

比尔·盖茨不断地将自己和员工逼向极限，使微软公司和全体员工一起接受挑战，一起成长，一起享受着领导时代的成就感。

3. 知识共享

知识共享强调组织中人和人之间知识的交流。不少管理者越来越重视不断在组织中开展团队学习，达到组织内部知识共享，让员工在组织这个大家庭里成长、成功。日本东芝公司总裁西室泰三就说了这样一段话："我们东芝公司的职工是一个大的家庭，大家是因为各式各样的缘分进入到了东芝，一起工作，一起学习，一起成长，一起共享知识的乐趣。所以大家必须共同努力，来追求共同的幸福。不只是东芝职员的幸福，我们同时必须时时考虑到东芝公司之外的社会上所有人的幸福。我认为这一点非常重要。"

学习创新型组织中的知识共享能够让人们明白，知识只有成为全体成员所共享的财富，才更具有生产力。

07

让学习创新来凝聚组织

知识经济引发的不只是认识论的革命，也带来了学习上的革命。OECD（即经济合作与发展组织，简称经合组织）的报告指出："在知识经济中，学习是极为重要的，可以决定个人、企业乃至国家经济的命运。"现代意义的知识是信息与人类认知能力的结合。客观的知识仅仅是外在的信息，它不能直接形成生产力，只有当其内化为生产者和领导者的学识后，才能转化为现实生产力，所以知识经济所带来的学习上的革命就本质而言，乃是一种知识的创新。

壳牌石油公司总裁曾经说："唯一持久的竞争优势，或许是具备比你的竞争对手学习得更快的能力。"《财富》杂志上也有类似的话："抛弃那些陈旧的领导观念吧！21世纪最成功的公司，就是那些基于学习型组织的公司。"

知识经济时代，世界更密切相关、复杂多变，只有增强学习能力才能适应此变局。任何企事业单位都不能再仅仅依靠像福特那样伟大的管理者就能一夫当关、运筹帷幄和指挥全局，未来出色的管理者乃是能够用学习创新来凝聚组织的人。

这里需要澄清的是，管理学上所说的学习不同于在校学习，它是一个有特定业务组织的学习，是一种对既有状况不满足的心理状态，一种对组织既成的基本假设、被认为理所当然的管理理念、组织成员逐渐养成的思维方法的反省和调整能力，其次才是技能的学习。

杰克·韦尔奇认为，学习能持续不断地提高公司的基本智力，是使公司取胜的因素。而且，要启发人们去学习，因为他们从学习中获得的兴奋和能量是巨大的——这是使一个组织变得精力充沛的办法。

一个组织具有竞争优势，乃是以学习为核心，通过管理者和员工共同努力，使组织不断得以成长。因此，组织要努力营造一种使员工沉浸其中的学习氛围，使组织成为一个以创新为指向的"学校"，使工作成为被支付报酬的学习。

如果一个组织的成员（包括领导、员工）都是沉浸在学习心境中的人，那么这个组织就会少去许多"办公室政治"，因为学习欲望淡漠、学习能力低下的人常常爱无事生非，思想陷入呆滞。

管理者必须提防阻碍学习的病毒滋生、蔓延，要让"我们这里不需要创新，只需要老老实实地做事"等词句成为禁语。要使员工时常保持一种对于新事物的饥渴感，让每个人早上睁开眼睛就跃跃欲试地想学习，从而使学习成为一种驱动力，成为一种生活方式，成为一种快乐享受。

08

创新活力的六大规则

曾经有人问爱因斯坦：思维的特点是什么？爱因斯坦回答说："如果让普通人在干草垛里找一根针，那个人在找到一根针后就不再找了，而我则要翻开整个草垛，把所有散落在其中的针全部找出来。"正是这种由一点出发，持续扩散、不断延伸、深入探索和力求创新的思维方法成就了爱因斯坦。

在一个竞争日益加剧、形势日新月异的时代，资本力量的重要性已经让位给创新，没有创新就没有生存。管理者必须采取有力措施，创造出极具创新活力的组织机构，如此才能在竞争中立于不败之地。

1. 像细胞一样分裂再分裂

人类胚胎是通过细胞分裂发育的：1个细胞分裂成2个，然后是4个、8个、16个……有些细胞发育成手和脚，有些细胞发育成骨骼或其他组织。分裂和分化是成长的关键，对于一个机构而言也是这样。如果一家公司不再分裂分化，其创新就会受到抑制，发展也会缓慢下来。

当原版音像公司刚刚显露出发展停滞的迹象时，总经理理查德·布兰松就让副总经理、销售副经理和营销副经理组成了新的领导班子，他甚至安排他们到新的办公楼上班。一夜之间，这些人不再是副经理，而摇身一变成了负责人。他们把原版音像公司发展成全世界最大的独立录制公司。

分裂推动创新的途径有很多：

（1）它可以把人力和财力从桎梏中解放出来；

（2）它为具有创业精神的人才提供机会；

（3）由于规模较小、目标集中，各部门经理和顾客的距离更加接近；

（4）权力的分散可以阻止单位内部自相残杀，将潜在的威胁及早铲除。

2. 推崇转悠管理

克罗克是"麦当劳"的创始者。有一段时间，麦当劳的经济效益严重下滑。经过细致观察，克罗克发现造成公司效益不佳的一个重要原因是，公司各部门经理躺在椅子上聊闲天，摆官架子，很少去努力发现工作中存在的问题。

对此，克罗克想出了一个对策：把所有经理的椅子靠背都锯掉。开始众人不理解老板的良苦用心，慢慢地，大家领悟到是老板要让他们走出办公室，深入基层，开展"转悠管理"。

结果，麦当劳公司渡过了难关，开始赢利，最后快速扩展，成了美式速食的代名词，克罗克也被企业界誉为"没有国界的麦当劳帝国国王"。

转悠管理又叫漫游管理或巡回管理，是成功管理者常常采用的一种管理方法。所谓"转悠"，就是管理者深入基层，了解实情，以明察秋毫，实地解决问题。

如今习惯于坐在办公室听听汇报、打打电话、发发文件的管理者越来越少了，他们把"走出办公室"作为自己的信条，身先士卒，而且严格要求中下层管理人员也"走出办公室"，多到基层去办公。

3. 知识创新

生活的真意在于创新，创新就是创造。生活创造人，人也创造生活，创造生活的人，生活也会给他以回报。

近年来，知识的发展，尤其是计算机科学与技术的发展和管理相结合形成的知识工程，使知识与人的关系发生了微妙的变化，它极大地缩短了知识学习和传播的时间，为知识的应用和应用能力的迅速提高开辟了新道路，使人们可以在尽可能短的时间内学到和运用知识。正是在这种外在推动力和内在促进剂的作用下，每一位成功的管理者都会利用一切条件进行知识创新。

知识创新是实现价值的关键环节，知识的收集、获取和学习只有在为了知识创新的目的下，才会带来价值，它是知识管理直接的和根本的目的。知识创新不仅依赖成员个人的创新精神和创造力，更是一种团体活动。激励每一个员工去创新，组织创新活动，合理安排知识共享和知识分配，并促进价值分配与知识创新的一致性，以保证对知识创造作出巨大贡献的员工得到报酬和精神激励，这就是领导的职责。

诺基亚公司领导世界通讯的潮流，不是凭借它雄厚的物质资源，其主要依靠的是旗下拥有平均年龄才32岁的知识精英，这些年轻人不断地调整自己、改革自己以及创新自己。

在以知识为主导资源的企业中，知识已不同于工业经济时代那样作为物质资本的从属而存在，新经济时代的知识不但会影响到物质产品的生产，而且其本身还计入了经济财富之中。

4. 重视每一个设想

所有人员都以同样的方式去思考，这是非常危险的现象。要让自己的组织永远具有创新设计能力，就应该重视每一个不同的设想。

比如可以鼓励成员以创新的方式来思考，以不同的观点来处理问题、反映问题，便可以创造出许多新的机会，得到新的理解和学习，打开眼界。

美国的明尼苏达采矿制造公司（简称 3M 公司）是一个综合经营的大公司，它的成功发展在于它对每一个新的构思、设想都保持浓厚的兴趣。

3M 公司的发明家澳可为扩大公司主要产品——砂纸的销售额费尽了心机。一天，他突发奇想：为什么不把砂纸当作刮胡刀片的替代品卖给男人们？男人们能把胡子轻轻刮掉又不必冒着被锋利刀刃划伤的风险，那该多好啊。后来，澳可虽然没有发明出擦胡子用的砂纸，却从自己的设想中研制出了耐水砂纸，这个产品被汽车制造业广泛使用。

3M 公司始终保持着锐意创新的精神，它曾推出过一个引人注目的产品目录，从不干胶贴到心肺治疗仪器，竟达 6 万多种。据统计，公司年度销售额的 30% 左右来自近 5 年内开发出的新产品。

5. 不断质疑眼前的行为

洛克菲勒初入石油公司工作时，既没有学历，又没有技术，因此被分配去检查石油罐盖有没有自动焊接好。这是整个公司最简单、枯燥的工序，人们戏称连 3 岁的孩子都能做。

每天，洛克菲勒看着焊接剂自动滴下，沿着罐盖转一圈，再看着焊接好的罐盖被传送带移走。或许是接触的时间长了，一天洛克菲勒发现每焊接好一个罐盖，要滴落 39 滴焊接剂，而经过精确计算，他算出实际只要 38 滴焊接剂就可以将罐盖完全焊接好。

经过反复测试、实验，最后洛克菲勒研制出"38 滴型"焊接机。用这种焊接机每只罐盖虽然仅比原先节约了一滴焊接剂，可就是这一滴焊接剂，一年下来却为公司节约了 5 亿美元的开支。

年轻的洛克菲勒从此迈出日后走向成功的第一步，最后成为世界石油大王。

一个只会跟在别人后面跑，学别人穿衣裳，盲目接受他人价值观念或主张的人，决不可能成为一个成功的管理者。

6. 发挥鲇鱼的促进效应

传说，挪威人捕捞沙丁鱼时，总是将鱼放进鱼槽运回码头。到站后，如果鱼还活着，卖价要比死鱼高出许多，所以渔民们总是想出各种方法让鱼不死。开始，渔民们想尽办法仍无法奏效，后来他们在沙丁鱼群中放入一条鲇鱼，结果沙丁鱼返港时都是欢蹦乱跳的。为什么一条鲇鱼能保住一条渔船上所有沙丁鱼的性命呢？原来，鲇鱼被放进沙丁鱼群后，由于环境陌生，便四处游动、到处摩擦，沙丁鱼发现多了一个不速之客，神经高度紧张起来，从而加速游动，这样一来就能活蹦乱跳地抵达渔港。

日本三泽之家公司老板三泽千代治说，管理也是同样的道理，一个公司如果人员长期固定，就缺乏了新鲜感和活力，容易产生惰性，因此有必要找些外来的"鲇鱼"加入公司，制造一种紧张气氛，这样企业自然生机盎然、活力四射。

三泽千代治经过长期考察，发现许多企业基本上由3种人组成：

（1）必不可少的将才，约占总人数比例的23%；

（2）勤勤恳恳工作的实干人才，约占总人数比例的65%；

（3）整天无所事事的废才，约占总人数比例的12%。

怎样使第一、第二种人增加，第三种人减少甚至从公司彻底消失呢？三泽受沙丁鱼事件的启发，决定运用"鲇鱼效应"，从外面聘请一些精明能干、思维敏捷的25岁到36岁的生力军充当鲇鱼。为了充分发挥鲇鱼的促进效应，三泽公司甚至聘请常务董事一级的"大鲇鱼"来放电，让公司上下的"沙丁鱼"都有触电的感觉，这样公司就始终充满了生机和活力。